U0553063

THE CHARACTER

O F

ARCHIVAL SCIENCE

陈 建 ◎ 著

档案学的性格

社会科学文献出版社
SOCIAL SCIENCES ACADEMIC PRESS (CHINA)

山东大学学科高峰计划考古与历史学项目经费资助

序　言

当"讲政治"逐渐成为一种社会共识和发展座右铭的时候，没有人会怀疑这个概念的影响力。在此基础上，如果我们讨论的一个学科在很多年前就在"讲政治"，以至于"讲政治"成为它的精髓和 DNA，恐怕会引起一些非议。请大家先别急于否定或者下结论，陈建博士将用自己的著作去澄清这些学术观点。

《档案学的性格》一书讨论的是档案学科的基础理论，用陈建博士的话说，即档案学的"元问题"。元问题者，事物之根本也。政治一词自舶来之日起，就是社会发展之根本。按照孙中山的说法，"政就是众人之事，治就是管理，管理众人之事，就是政治"。这句话基本上揭示了政治的含义：政治就是国家的治理，或者称公共事务的管理。如此一来，问题就简单了，我们所称的档案是一种社会记录或者记忆，档案的形成是按照管理者规则运作的；"管理者规则"是一种来源于行为主体的"政治诉求"，档案就是这种"政治诉求"的产物。虽然不同的社会主体都有自己的"政治诉求"，但在"国家治理"的层面，国家意志占据主导地位。在这种环境中产生的，以"政治诉求"的产物为研究对象的学科，其政治性是毋庸置疑的。

根本问题解决了，下面的事情就比较容易理解了。比如，为什么中国档案学研究主体在进行学术研究时，偏重于选择当下国家、政府以及档案行政机构所关注的问题，偏重于对国家档案行政部门的一些规章制度进行理论解读，偏重于针对有关档案实际问题向档案行政机关提出自己的建议和对策？为什么中国档案学界存在明显的资政取向？那是因为这个群体自产生起，就有"坐在皇帝身边""插入剑鞘中的剑"的情结，"学成文武艺，货与帝王家"是其必然的选择！当然，"讲政治"，不是唯上司意志，也不是为尊者讳，而是实事求是为国家图发展、为民族图富强、为学科图进步。

学界人士不要一谈"讲政治""政治性"就认为失去了自己的品格。正如陈建博士在其著作中指出的，事实上通过分析总结中国档案学研究主体、研究对象以及研究环境的特征，可以得出中国档案学政治性格的五大优势，这些优势对中国档案学的发展起到了很好的促进作用：官学互动的学人结构促进了中国档案学多元特色学人结构的形成；价值取向的资政辅政有利于中国档案学获得更大的政治扶持和推力；（行政）实践方法促成了中国档案学的务实学风和应用型学科面貌；研究对象的行政关爱提高了中国档案学的地位和声望；研究环境的政治关怀为中国档案学的迅速发展和壮大提供了巨大动力。

言及此，中国"档案学的政治性格"已经比较清楚地展现在大家面前。对于这种客观存在，任何回避和过度阐释都是没有必要的。作为当代档案学人，我们无法决定自己的"出身"，但不能否认我们能决定自己的未来。学科的发展道路要与自身的遗传保持一致，不忘初心，方得始终。当一个清清白白的人，做明明白白的事：让我们与陈建博士一起去阅读、理解和研究中国"档案学的政治性格"吧！

冯鸿杰

2018 年 11 月于北京

目录

前　言

　　中国档案学历经 80 多年风雨走到今天，已经以一门独立学科的身份顽强屹立于中国学科之林，并且形成了自己鲜明的政治性格，这在众多人文社会科学中是很有特色的。

　　本书所论述的中国档案学的政治性格虽然是首次提出，但中国档案学界对此问题的关注、探讨和争论由来已久，并且一直没有停止过。学界对许多问题的研究、讨论或者困惑都或多或少地触及了这个话题，当然学者们采用的研究措辞、话语以及具体所指可能存在差异，比如"政治性""制度档案学""政治—行政因素""实用经验系统""档案权力"等，研究领域的跨度也非常广泛，从对民国时期"行政效率运动"的研究，到中华人民共和国成立后对档案学的政治性和党性问题的讨论，到 20 世纪 80 年代中国档案学的反思热潮，再到今天中国档案学在跨学科研究中遇到的现实或体制困惑，一直到对中国档案学未来走向的探讨等，这些讨论其实都在一定程度上触及或者无法绕开中国档案学的政治性格问题。可以说中国档案学的政治性格是关系中国档案学学科性质、特色、面貌和未来发展趋势的基本问题，是中国档案学无法跨越的元问题。

　　中国档案学的政治性格鲜明地体现在学科的方方面面，中国档案学研究的三个要素——研究主体、研究对象和研究环境都表现了鲜明的政治性格特色。

一 中国档案学研究主体的行政特色

(一) 中国档案学研究主体的行政特色结构

梳理从古代至今的中国档案学研究主体的角色结构可以发现，中国档案学研究主体的角色结构显示了明显的行政特色：古代中国档案学思想的孕育大多指向了同一种角色——史官；近代中国档案学产生时期，行政界官员在中国档案学研究主体中始终处于主导地位；现代中国档案学时期，教育科研工作者虽然成为档案学研究的主体，但其丰富的档案行政实践经历也使其角色定位具有很强的行政实践色彩，使学科发展带有明显的行政实践印记，改革开放后新成长起来的理论工作者基本都缺乏档案（行政）实践的亲身经历，从当今倡导学术独立与自由的观念来看，这本可以成为提升档案学理论研究水平的一个优势，但事实表明，这种优势不但没有使档案学理论产生实质性突破，反而招来了一些"理论脱离实际"的非议和质疑，档案学理论工作者的角色始终没有独立于档案（行政）实践之外，而是始终与其保持一种若即若离的"暧昧"关系，始终对档案（行政）实践角色保持着较高的敬畏和尊重。

中国档案学研究的行政实践角色从古至今始终伴随着中国档案学研究的发展，在有些时期甚至起着主导或者决定性作用。虽然综观各个历史时期，档案学术研究中行政实践角色的比重呈现递减趋势，但他们始终是档案学人角色构成中不可或缺的重要部分和不可忽视的重要影响力量，这成为中国档案学研究主体角色构成的一大特色。

(二) 中国档案学研究主体的资政取向

中国档案学研究主体在进行学术研究时，偏重于选择当下国家、政府以及档案行政机构所关注的问题进行研究，偏重于对国家档案行政部门的一些规章制度进行理论解读，偏重于针对有关档案实际问题向档案行政机关提出自己的建议和对策，中国档案学界存在明显的资政取向。学界对于资政取向存在不小的争议。笔者认为，中国档案学研究主体的资政取向是多种原因综合作用的结果，包括历史文化层面的原因：资政取向是中国知识分子的一贯传统；政治思想层面的原因："左"的思想残留与资政取向存在相当的关联；现实体制层面的原因：现实学术管理体制是资政取向的重要成因；主体自身层面的原因：学人现实关怀的因素抑或是学术压力和诱惑的因素；学科特征层面的原因：档案学科的学科特征是导致资政取向的根源。

中国档案学研究主体的资政取向存在很大的合理性，一味批评这种取向不是实事求是的客观态度。资政取向的合理性在很大程度上得益于档案学科的学科特征因素，也就是说，档案学科是应用学科，不是纯理论思辨的人文学科，档案学科的真正价值就在于理论应用，理论应用的源泉来自档案的特殊功能——辅助决策，因此，从根本上说，中国档案学的资政取向来自档案的资政基因，如果否定了这种取向就动摇了档案学科存在的根基，最终结果只会导致学科的衰亡。

（三）中国档案学研究主体的（行政）实践方法

中国档案学并没有形成自己的专门研究方法，但它的研究方法有自己的特色，这种特色体现为研究方法带有很强的实践倾向，实践方法被频繁运用于档案学术研究中。而且在我国，档案工作实践与档案行政实践的关系极为密切，档案行政实践是档案工作实践的主体，档案工作实践的行政色彩较为浓厚，因此，中国档案学研究的实践方法在很大程度上就带有浓厚的行政实践色彩，（行政）实践方法可以算是中国档案学研究方法的一大特色。（行政）实践方法的表现主要有二。一是档案学理论研究中关注档案（行政）管理实际，追逐档案行政机构推出的政策、法规及其标准，并以此作为理论研究的基点和导向，将档案（行政）管理实践的指导思想与方法上升为理论研究的指导思想与方法；二是强调档案学理论与档案（行政）管理实践的协调性，以档案（行政）管理实践作为建构学科体系的重要标准之一，档案学学科内容与档案（行政）管理实践的内容存在很大的相似性。中国档案学研究的（行政）实践方法作为一种特色方法，它体现了中国档案学人探索解决档案现实问题、关注国家社会发展形势、紧跟时代发展潮流的偏好，它的存在具有相当合理性和必要性。

中国档案学研究主体的行政特色结构、资政取向以及（行政）实践方法三者有机结合，共同促成了中国档案学研究主体的行政特色。中国档案学研究主体与政治行政具有深刻而紧密的关联，这种关联不能简单地用政治与学术的关系来评判，因为两者由于关系太密切已经超越了简单的二元对立关系，两者其实是一种共生共荣的和谐关系。中国档案学研究主体蕴含政治行政的基因、流淌着政治行政的血液，具有为政治行政服务的传统，因此，用所谓学术独立与自由的大棍来棒喝中国档案学研究主体完全脱离政治行政是一种不尊重历史和事实的武断行为。

二 中国档案学研究对象的权力建构

中国档案学的研究对象主要是档案与档案工作。档案与档案工作客观中立的观念早已达成广泛共识并深入人心。但事实上，这种客观中立性并非毋庸置疑，现实中档案和档案工作的客观中立性受到了权力的干预。权力对档案与档案工作的干预呈现隐蔽性和合法性的特点。从文件/档案的形成到档案的管理以及档案的利用都渗透着权力的影响，档案和档案工作与权力相互建构。

（一）权力与档案形成的相互建构

权力为了实现自己的利益诉求，凭借自身的权威性和强制性在有目的地对档案的形成进行建构，反过来，形成之后的档案也因其原始性和凭证性价值而建构和强化了权力。档案的形成与权力相互建构。

（1）权力对档案的形成进行建构。事实上，文件/档案的主要来源、存在类别以及实体内容都受到权力的深刻控制、干预或左右。具体表现为：政治行政活动是文件/档案的主要来源；权力的不同需要产生了不同类别和功能的文件/档案；权力深刻干预文件/档案的实体内容，比如权力干预文件的归档、权力对档案进行造假等。

（2）档案的形成对权力进行建构。权力与档案形成的关系是相互的，档案的形成反过来也建构权力。档案的形成对权力进行建构主要表现在三个方面：档案的形成产生和确认权力；档案的形成保障和加强权力；档案的形成监督和控制权力。

（二）权力与档案管理的相互建构

权力为了维护自身的利益对档案管理程序进行持续的建构，档案管理程序反过来也在不断地建构权力。权力与档案管理相互建构。

（1）权力对档案管理进行建构。档案管理工作表面上是一系列规则、程序、方法和技术的组合，实际上它们背后一直存在权力的身影，权力决定规则。权力对档案管理的建构可以分成宏观和微观两个层面。宏观层面主要表现为权力建构档案管理体制、档案管理机构以及档案管理法规。微观层面主要表现为权力建构档案收集、档案整理、档案鉴定以及档案保管。权力对档案管理的建构和干预主要是通过档案工作者强力执行和实施相关的档案管理制度和规范来实现的。在权力的积极干预和建构下，哪些档案被留存、以怎样的状态被留存、哪些档案被销毁等问题都被纳入权力的视野和控制中。

（2）档案管理对权力进行建构。档案管理在权力的建构和干预下进一步巩固了权力，实现了对权力的建构。档案管理对权力的建构主要体现为巩固权力、象征权力以及协助权力三个方面。

（三）权力与档案利用的相互建构

权力为了自身的利益需求必然对档案利用工作进行积极的建构，而档案利用工作反过来也建构了权力，从而实现了权力与档案利用的相互建构。

（1）权力对档案的利用进行建构。权力主体可以通过严格的档案利用制度和规范对档案的各种利用形式（档案开放、档案阅览、档案展览、档案编研等）进行监督、控制和建构。

（2）档案的利用对权力进行建构。档案利用对权力的建构主要体现为辅助权力运行、保障权力利益、强化权力统治以及抵制权力统治四个方面。

综上，从档案的形成、档案管理一直到档案利用，权力对档案工作的每一个阶段都进行了积极的建构，而档案工作的每一个阶段反过来也对权力进行了建构，权力与档案工作是相互建构的关系。在这种相互建构的关系中，权力始终处于关键的中心位置。也就是说，权力对档案工作的建构是处于强势地位的，而档案工作对权力的反建构基本上是服从和服务于权力的意愿和目标。可见，作为中国档案学研究对象的档案和档案工作深深地打上了权力的烙印，这不能不深刻影响着中国档案学的学科面貌、内涵及其未来发展。

三　中国档案学研究环境的熏染

政治环境是中国档案学发展所面对的主要外部环境，中国档案学受到政治环境的深厚熏染，这成为塑造中国档案学政治性格的环境要素。影响中国档案学的政治环境主要包括政治发展环境、政治制度环境、意识形态环境和政策行政环境四个方面。

（一）政治发展环境

政治发展环境包括政治革命和政治改革，由于中国档案学的研究对象——档案的特殊政治色彩，中国档案学受政治发展环境的影响更为明显。政治发展环境既可以促进中国档案学的产生和发展，也可以将其引向毁灭。国家政治稳定，档案事业健康发展，政治改革有效成功，档案学就会繁荣；反之，档案学就会枯萎。政治发展环境关系中国档案学的稳定程度。

（二）政治制度环境

政治制度环境对中国档案学的发展具有强烈的制度规定性。档案学的发展都处于一定的社会政治制度环境中，不同政治制度下档案学的立场和观点是不同的，政治制度环境关系中国档案学的学科面貌。此外，政治制度越落后，档案学受到的限制就越大，比如我国古代档案学思想主要体现在一些有关档案管理和利用工作的律令、规章制度以及档案文献编纂实践中总结的文献编纂思想中，它们受到了封建君主专制制度以及宗法制度的严密控制，导致档案学思想始终处于实践经验的总结阶段，没有上升为系统的档案学理论，以至于在整个古代，中国档案学始终处于孕育时期；而民国时期档案改革的内容反映了资产阶级要求公开、统一、科学的要求，这是对古代档案管理方法的摒弃和革命，与封建社会的档案管理方法相比，显然是巨大的进步，这种进步也自然反映到了档案学研究中。

（三）意识形态环境

意识形态环境对中国档案学的影响主要表现在学术研究的政治方向上，不同的意识形态环境使中国档案学具有了不同的政治方向。古代封建主义意识形态以维护封建君主专制统治和宗法关系为根本目的，档案工作受到严格控制，古代档案学（思想）也带有较浓厚的封闭性和保守性色彩；近代资本主义意识形态使中国档案学在产生初期就具有较强的政治目的性。

（四）政策行政环境

政策行政环境对中国档案学的影响主要表现在学科发展的推动力上，这种推动力可以表现为一种推力，也可以表现为一种阻力。推力方面，如行政力量成为中国档案学产生的第一推动力，扶持建立档案教育科研机构与组织、档案学术管理等；阻力方面，如极"左"路线和方针等错误政策行政环境对中国档案学的扼杀。因此，政策行政环境关系中国档案学的发展动力。

综上，政治发展环境关系中国档案学的稳定程度，政治制度环境关系中国档案学的学科面貌和自由程度，意识形态环境关系中国档案学的政治方向，政策行政环境关系中国档案学的发展动力。中国档案学受到了政治环境的深厚熏染，政治环境是中国档案学与生俱来并伴随其始终的外部环境，也是中国档案学所必须面对并设法适应或者改善的外部环境，任何逃避和否定政治环境影响的观念和认识都是错误的。

四 中国档案学政治性格的形成、评价与发展

（一）中国档案学政治性格的形成

心理学研究表明，性格是主体内在心理因素和外部环境因素相

互作用、深度整合的产物。中国档案学实际上是中国档案学人（研究主体）在一定的外部环境（研究环境）中研究档案现象（研究对象）的产物。中国档案学的性格是中国档案学研究主体、研究对象以及研究环境之间互动关联的结果。

研究主体方面，行政特色结构、资政取向以及行政实践方法三者组合在一起，使中国档案学研究主体呈现鲜明的行政特色，在态度和行为方面具有了浓厚的政治行政倾向和心理，他们更加认同政治行政力量、更加关注政治行政实践、更加积极地进行理性资政，这为中国档案学政治性格的形成打下了主体基础。

研究对象方面，权力对档案的形成、档案管理以及档案利用都进行了积极的建构，中国档案学的研究对象深深打上了权力的烙印，这深刻影响着中国档案学的学科面貌、内涵及其未来发展，为中国档案学政治性格的形成打下了对象基础。

研究环境方面，中国档案学受到了政治环境的深厚熏染，中国档案学的稳定度、自由度、政治方向、发展动力、学科面貌等都与政治环境无法脱离干系，这促使中国档案学表现出了与其他学科不一样的特色形态，这为中国档案学政治性格的形成打下了环境基础。

中国档案学研究主体的行政特色、研究对象的权力建构以及研究环境的政治熏染三者之间关联互动、环环相扣、相辅相成，共同促进了中国档案学政治性格的形成。

（二）中国档案学政治性格的评价

中国档案学具有鲜明的政治性格，这种性格是在学科长期的历史发展过程中逐渐形成的，是学科研究主体、研究对象与研究环境之间互动关联、相互影响的产物，这种性格无所谓好与坏，必须进行客观辩证的评价，不顾历史和现实，盲目指责和批评中国档案学的政治性格是不负责任的武断行为。中国档案学的政治性格既有优势和特色，应当坚守和发扬，同时也有不足和风险，应当进行规避和预防，通过分析总结中国档案学研究主体、研究对象以及研究环境的特征，可以得出中国档案学政治性格的五大优势，这些优势对中国档案学的发展起到了很好的促进作用：学人结构的官学互动促进了中国档案学多元特色学人结构的形成；价值取向的资政辅政有利于中国档案学获得更大的政治扶持和推力；（行政）实践方法促成了中国档案学的务实学风和应用型学科面貌；研究对象的行政关爱提升了中国档案学的地位和声望；研究环境的政治关怀为中国档案学的迅速发展和壮大提供了巨大动力。

中国档案学的政治性格在具备五大优势的同时，也存在一些可能对学科发展产生损害的风险。概括来说，中国档案学的政治性格存在以下风险：研究主体的行政附庸风险威胁着中国档案学的独立性与自觉性；研究体系的政治狭隘风险威胁着中国档案学的完整性与丰富性；研究环境的政治干预风险威胁着中国档案学的稳定性与自由性。

（三）中国档案学政治性格的完善与发展

性格虽然具有稳定性，但性格的稳定性并不是一成不变的，性格也是可塑的，这就为性格的完善与发展提供了可能。对待中国档案学政治性格的正确态度应当是取其精华、去其糟粕，即保持和发扬中国档案学政治性格的优势，采取适当措施合理规避中国档案学政治性格的风险，不断完善和发展中国档案学的政治性格，具体可以从研究主体的独立、自由与互动，研究对象的多元、协调与融合以及研究环境的透明、民主与法治三个方面着手。

导　论

在"谁来管、管什么、如何管和为什么管"等管理问题中，"谁来管"一直处于首要地位。除了管理的主体地位之外，"谁来管"就是一个关于权力的获取和运行资质问题。也就是说，如果在管理学中没有首先讨论"权力的获取和运行资质问题"，那么其他问题的讨论显然为时尚早。如果管理学只讨论"谁来管"之外的问题，它就与《一日校长》和《当我是总理的时候》等学生作文没有太大的区别①。

第一节　研究动因与意义

一　研究动因

中国档案学从20世纪30年代产生，发展至今已有80余年的历史，虽然理论体系略显单薄，但现在已经屹立于中国学科之林，其作为一门科学的地位已经无可置疑。

在80多年的发展进程中，中国档案学建立起了自己的学科体系，学者队伍逐渐壮大，基础理论研究、应用理论研究和应用技术研究不断走向深入。与此同时，中国档案学研究也面临一些挑战和困惑，比如技术化对学科发展的挑战与应对，档案学理论与实践的关

---

① 胡鸿杰：《管理资源分析·引论》（续二），http://t.cn/RvArUar。

系如何把握，基础理论研究的层次如何提升，应用理论研究如何更接地气，政治行政力量对档案学有何影响，社会力量的壮大对档案学的影响，档案学的学科体系如何更新与完善等，类似这些问题一直或者正在困扰着中国档案学的健康发展。

胡鸿杰认为，中国档案学"没有真正探索出适合自己发展的成长模式，没有真正走上良性循环的康庄大道。根本原因在于中国档案学人对自己生存的环境认识不足，对档案学自身的价值缺乏恰如其分的评估"①。可见，探讨中国档案学的生存环境和自身价值问题具有重要的理论意义。选题之时，笔者一直在思索中国档案学的生存环境以及自身价值问题，思考到底是什么元素在支撑或影响着中国档案学走到今天，思考这种元素与中国档案学有何内在关联。经过文献梳理和思考，笔者注意到了一个中国档案学界频繁提及的元素，也是中国档案学界在很多时候无法绕开的元素，它就是政治行政元素。政治环境是中国档案学生存发展的主要外部环境，同时政治行政与中国档案学的自身价值有着天然的关联。于是，政治行政元素就成为本书写作的研究起点。

谈到政治行政元素，首先有必要简要分析一下政治与行政的关系。在政治学理论中，政治与行政的关系极其复杂，有待于实践的进一步证明和检验。从区别来看，政治在目前学界还没有公认的确切定义，一般指"人们围绕公共权力而展开的活动以及政府运用公共权力而进行的资源的权威性分配的过程"②，主要涉及一些重大而且带有普遍性的事项；而行政是"行政机构按照法律规定对国家和公共事务进行管理，以便维护统治阶级的利益，达成社会目标"③，主要涉及一些个别和细微事项的活动。简单来说，政治是国

---

① 徐欣云：《档案"泛化"现象研究》，世界图书出版公司，2014，第1页。
② 杨光斌：《政治学导论》（第3版），中国人民大学出版社，2010，第6页。
③ 张永桃：《行政学》，高等教育出版社，2010，第4页。

家政策的制定，而行政就是国家政策的执行。从两者的联系来看，政治与行政的关系相互交织，密不可分，互为背景，互为基础，政治主导行政，行政从属于政治，行政是政治的一个组成部分。本书为了避免对政治与行政的关系进行过多纠缠，不再对两者进行过度区分，在后文中根据具体情况，采用相应的称谓。

无论是古代还是现代，大量的档案都带有天然的政治行政基因，而档案学是一门研究档案现象及其本质规律的学问。因此，档案的重要价值——资政辅政也不可避免地渗透到中国档案学研究中，从而使中国档案学研究或多或少地带有政治行政烙印或个性。从历史上看，中国档案学孕育、创立、发展与繁荣的过程无不与政治行政存在密切关联。在古代政治控制学术的环境中，中国档案学思想就已萌芽，但中国古代档案学思想基本被政治权力所掌控，为专制统治服务；到了近代，中国档案学的产生更是与政治行政力量有着先天的关联，民国时期国民政府的"行政效率运动"是催生中国档案学产生的直接原因；中华人民共和国成立后档案学作为一门独立学科，其地位得到官方的确认，档案学迅速发展壮大，同时档案学的政治性在历次政治运动中被过分拔高以致最终威胁了自身的生命；改革开放之后宽松的政治环境是推动档案学恢复与繁荣的重要因素，随着政治与社会的不断改革和转型，各种类型的档案大量涌现，档案和档案馆成为国家、社会与公众利益博弈的工具和平台，诸如政府信息公开、民生档案建设等档案现象日渐得到学界和社会公众的广泛关注。

可见，政治行政元素与中国档案学研究存在密切关联。笔者认为，中国档案学人的政治取向与行为、档案的政治行政个性以及政治环境等因素交织在一起，使中国档案学形成了一种政治性格。这种政治性格是中国档案学与生俱来的，并且在学科发展过程中如影随形，它有时凸显在学科表层，有时又隐藏在学科深层，有时得到强化，有时又被忽视和削弱，但这种政治性格始终存在并影响着中国档案学的成长与发展。

因此，分析中国档案学的政治性格似乎也抓住了中国档案学生存环境和自身价值的关键，而且也为探讨中国档案学的许多科学问题提供了一种新的视角和思路。中国档案学的政治性格是如何形成的？中国档案学政治性格如何评价？中国档案学的政治性格如何完善和发展？这些问题是本书的研究重点，也是本书的研究动因。

二　研究意义

性格的视角可以为研究中国档案学提供一个新的思路，可以为解决学科发展困惑提供一种新的视野。分析中国档案学的政治性格有利于档案学界更好地反思学科自身、认清学科生存环境，对于增强学科现实关怀、探索学科未来走向至关重要。

（一）探讨中国档案学的政治性格是对学科个性的复归

档案的本质属性是原始记录性，档案具有重要的凭证作用，档案的原始性、凭证性特点赋予了档案一种强大的影响力。马云在阿里巴巴技术论坛上曾说，"有时候打败你的不是技术，可能只是一份文件"[1]。档案一般与政治行政机构有着天然的关联，何鲁成认为，"档案管理之主要目的在供行政之参考，副目的在保留文献，欲求上述二目的之达到必须注意庋藏"[2]；吴宝康认为，"古老的或较古老的档案定义或解释往往更特别突出国家机关在公务活动中产生和形成的，这绝不是偶然的，它恰好表明档案从古以来在古今中外的国家中首先都是国家和政治机构的活动中产生和出现的"[3]；

---

① 马云：《打败你的不是技术　可能只是一份文件》，http://finance.qq.com/a/20140320/007876.htm。

② 《档案学通讯》杂志社：《档案学经典著作》（第2卷），世界图书出版公司，2013，第284页。

③ 吴宝康：《档案学理论与历史初探》，四川科学技术出版社，1986，第314页。

胡鸿杰认为，"文件主要的应用对象是公务文件，即公文"① ……
档案与政治行政有着天然的关联，具有浓厚的政治行政色彩，而中
国档案学是研究档案现象及其本质规律的学科，这就使其不可避免
地与政治行政产生千丝万缕的关系，使其学科发展带有鲜明的政治
行政个性和特色。因此，探讨中国档案学的政治性格是对其学科个
性的复归。

（二）探讨中国档案学的政治性格有利于更好地把握学科生存环境

　　中国档案学自身的发展环境十分复杂，胡鸿杰认为，应当注重
研究档案学的生存环境②，高大伟认为，中国档案学的发展面临着以
政治环境和行政环境为主的"环境困境"③。外部环境特别是政治行
政环境对中国档案学的发展影响至深，该选题有利于对这种影响进行
全面的审视和剖析，厘清学科与政治行政环境之间的内在关联。

（三）探讨中国档案学的政治性格有利于更好地正视与解决学术研究中的政治行政困惑

　　中国档案学研究的政治行政基因是与生俱来的，它与政治行政
权力具有千丝万缕的关系。但当今中国档案学研究并没有很好地处
理与政治行政的关系。高大伟认为，政治行政因素的变化伤害到了
学科的自身价值，研究者出现了"思想的空白或混乱"④；周林兴
认为，档案学人在处理学术研究与行政的关系时产生了一些"角色

---

① 胡鸿杰：《化腐朽为神奇——中国档案学评析》，上海世界图书出版公司，2010，第
129页。
② 胡鸿杰：《化腐朽为神奇——中国档案学评析》，上海世界图书出版公司，2010，第
144页。
③ 高大伟：《档案学的元问题及可能的形而上》，博士学位论文，中国人民大学，
2011，第42页。
④ 高大伟：《档案学的元问题及可能的形而上》，博士学位论文，中国人民大学，
2011，第55~56页。

冲突、失落与失调"①；徐欣云的观点则与两人不同，认为学界不可过分脱离政治和行政，将档案学定位为管理学科，"仅仅关注信息管理技术和方法并非档案学所长"②。可见，如何处理档案学科发展与政治行政的关系已经成为学界的一种理论困惑，是摆在中国档案学人面前的重大理论问题，研究中国档案学的政治性格是对该问题的直接观照，对于学界正视与解决这一问题至关重要。

（四）研究中国档案学的政治性格为学界探讨学科元理论、反思自我提供了一种新的视角

20世纪80年代末，中国档案学界出现了一股对于档案学研究的反思热潮，其中一些观点认为中国档案学的学科体系残留着苏联模式的深刻痕迹，体系陈旧，结构单一，对于新的理论结构的形成产生了强大的阻力。有学者指出其原因在于封建主义和"左"的影响，自我封闭，理论脱离实际，缺乏学术民主等③。不难发现，这些原因在很大程度上与政治行政因素无法脱离干系。因此，严肃地梳理与讨论中国档案学的政治性格可以为学界反思自我提供一个崭新的视角，有利于推动中国档案学的学科自觉。

胡鸿杰认为，中国档案学缺乏一种"支持其理论发展的基础和终极理念"④，这是造成其学术地位难以稳固的根本原因。本书所讨论的中国档案学的政治性格或许是一次对"理论发展的基础和终极理念"的尝试性探索，其目的在于发现中国档案学研究的规律及其发挥作用的形式，希望这种探索能够为中国档案学元理论的发展带

---

① 周林兴：《中国档案学术生态研究》，人民出版社，2013，第44页。
② 徐欣云：《我国档案理论与实践关系的再探索——重申政治因素的影响》，《图书情报知识》2011年第1期。
③ 江村夫：《黄土地 高围墙——中国档案学理论发展缓慢之散议》，《上海档案》1988年第5期。
④ 胡鸿杰：《化腐朽为神奇——中国档案学评析》，上海世界图书出版公司，2010，第177页。

来一些新的启示。

第二节　概念界定

一　关于"中国档案学"

本书所说的中国档案学是研究中国档案现象及其本质规律的学问，中国档案学的历史非常悠久。早在古代，统治阶级颁布的档案管理规章制度中就蕴含大量的档案管理思想，包括档案的收集、整理、鉴定、保管、利用等思想；到了近代尤其是"中华民国"时期，伴随着国民政府的"行政效率运动"，文书档案改革进行得有声有色，再加上史学界整理明清档案的活动，我国出现了总结和探讨档案整理与利用的学术著作和文章，并形成了初步的理论体系，中国档案学正式产生；中华人民共和国成立以后，党和国家高度重视中国档案学的发展，专门在中国人民大学成立档案系进行人才培养和理论研究，档案学作为一门独立学科的地位得到确立，中国档案学迅猛发展起来并取得了较大成绩，学科体系进一步完善；之后随着一系列政治运动的开展，中国档案学受到了一些"左"的思想的干扰，一度陷入消亡的境地；改革开放之后，中国档案学在宽松的环境之下重新繁荣和发展起来。

到目前为止，中国档案学已经形成了较为完整的学科体系，包括档案基础理论研究、档案应用理论研究以及档案应用技术研究三大部分。其中档案基础理论研究包括档案事业史、档案学史、档案法学、比较档案学、档案术语学等门类，档案应用理论研究包括文书档案管理学、专门档案管理学、科技档案管理学、档案文献编纂学等门类，档案应用技术研究包括档案计算机与网络管理技术研究、档案保护技术研究、档案缩微复制技术研究等。

中国档案学作为一门既古老又年轻的学科，在其发展过程中也不断面临各种挑战和困惑，既有信息技术革命、经济社会变革的外来挑战，也有学科自身发展的内在困惑，学科体系面临更新难题，理论层次面临突破瓶颈，未来中国档案学发展何去何从，是所有档案学人共同关注的问题。

二　关于"中国档案学的政治性格"

所谓性格，是指某人对事物的稳定态度以及在其基础上成为习惯的行为方式的总和。"性格的本质特征正是由主体对客体的态度体系和行为方式体现出来的"①，性格是人格的核心，是一个人独特之处的主要代表，性格决定命运。

中国人性格研究组将性格分为五个模块，包括生活旨趣、情绪特征、认知风格、态度倾向、意志品质，然后又将每一个模块进一步划分为若干性格特质，比如生活旨趣模块包括实惠性、奉献性、知识性、支配性四个特质，认知风格模块包括强烈性、激活性、持续性三个特质等，其中每个特质都有正反两极，在正反两极之间可以进行渐进的过渡，于是各种相互关联的性格特质经过一定的组织，就构成了一个性格网络，从而使人表现出丰富多彩的性格特征②。

一个人性格的影响因素有很多，比如遗传、体型、性别、社会文化、职业、子女教养等，但总体来说，性格是一个人内在心理因素和外部因素相互作用、深度整合的产物。巴甫洛夫的高级神经活动学说注重"机体的整体性以及机体与其周围外界环境之协律性"③，认为性格是指那些先天的倾向、意向与那些生活期间受生活印象的影响所养成的东西之间的混合物。可见，性格是在外部环境

---

① 余英杰：《学术性格论》，《社会科学》1988 年第 9 期。
② 中国人性格研究组：《中国人性格研究的理论与方法初探》，《云南师范大学学报》（哲学社会科学版）1993 年第 6 期。
③ 〔美〕K. M. 贝考夫、A. T. 松尼克：《巴甫洛夫高级神经活动学说》，吴钧燮译，《科学通报》1953 年第 5 期。

与人自身心理活动相互作用之下形成和发展起来的，其形成是主体与环境相互作用的产物。而且人的性格与人的生理基础有一定的关系，但与人所生活的社会环境关系更大，"社会环境对性格形成有决定性的影响"①。

关于政治性格，学界的观点不一，丁旭光认为，政治性格是一个人"从政过程中表现出来的个性中最为稳定的心理特征"②；桑兵认为，政治性格是"通过政治姿态表现出来的个性因素"③；罗伯特·莱恩认为，政治性格是"一个人面对外部政治刺激时所经常表现出的持久的、动态的反应"④；曹传清认为，"一个人在政治活动中经常表现出的特有心理和行为就构成了他的政治性格，政治性格具有明显的阶级性特征"⑤。

综上可以看出，政治性格一般用于指称"人"，指一个人对待政治的态度和所采取的言行，这是学界较多采用的一种用法。但学界对于政治性格还有另一种用法，即用政治性格来指称"物"，比如学科、思想、期刊等，这是一种对于物的"人化"用法。比如邵宇的《论汉初儒学政治性格的基本转变》⑥讲的是儒学的政治性格的转变，他认为，汉初儒生通过对儒学进行法家化的改造，"援法入儒"，接受了法家的君臣观，并提出"三纲""德主刑辅"的思想，实现了政治性格的转变，从而完成了与封建君主专制制度的契合，并实现了儒学的制度化；潘希武的《自由教育的政治性格》⑦

①　中国人性格研究组：《中国人性格研究的理论与方法初探》，《云南师范大学学报》（哲学社会科学版）1993 年第 6 期。
②　丁旭光：《丁日昌的政治性格》，《广东社会科学》1987 年第 1 期。
③　桑兵：《信仰的理想主义与策略的实用主义——论孙中山的政治性格特征》，《近代史研究》1987 年第 3 期。
④　〔美〕罗伯特·莱恩：《自主意识、幸福感、失落感：市场经济对政治性格特征的影响》，张丽娜译，《经济社会体制比较》（双月刊）2007 年第 4 期。
⑤　曹传清：《赫德的政治性格探析》，《社会科学辑刊》2010 年第 6 期。
⑥　邵宇：《论汉初儒学政治性格的基本转变》，《理论月刊》2006 年第 12 期。
⑦　潘希武：《自由教育的政治性格》，《比较教育研究》2007 年第 8 期。

讲的是自由教育思想的政治性格，认为不能片面强调教育自由，而应该重视自由教育的政治性格，教育改革当中应该注意这种性格的影响；吴俊的《〈人民文学〉的政治性格和"文学政治"策略》①讲的是一本期刊的政治性格，认为《人民文学》的性格是多重的，但在这些性格当中最显著的性格就是政治性格。

本书的研究主题——"中国档案学的政治性格"所称"政治性格"即采用后一种用法，它是对中国档案学学科个性的一种人化描述，指的是中国档案学在主体态度、研究对象、理论体系、研究环境等方面表现出的政治行政倾向和特色，比如中国档案学研究中所表现出的研究主体的政治行政认同、资政取向，研究对象的权力建构，研究环境的政治熏染等。

档案学界较早就提出档案学的政治性问题。那么中国档案学的政治性格与中国档案学的政治性有什么关系呢？笔者认为两者之间既有联系又有区别。

谈档案学的政治性不得不提档案工作的政治性，学界普遍认为，档案学的政治性来自档案工作的政治性，档案工作的政治性主要是指档案工作的阶级性，这种阶级性主要体现在档案工作的服务对象、开放度以及机要性三个方面②。坚持档案学政治性的代表人物是吴宝康，他认为档案学具有党性，档案学的党性就是阶级性和科学性的统一。其论证依据为：首先，档案学是一门社会科学，或基本上是一门社会科学，社会科学都是有党性和阶级性的，因此档案学也具有阶级性和党性；其次，档案工作在阶级社会中都是为统治阶级服务的，所以档案工作就具有了阶级性，档案和档案工作的阶级性导致了档案学的阶级性③。

---

① 吴俊：《〈人民文学〉的政治性格和"文学政治"策略》，《文艺争鸣》2009年第10期。
② 冯惠玲、张辑哲：《档案学概论》（第2版），中国人民大学出版社，2006，第104页。
③ 吴宝康：《档案学理论与历史初探》，四川科学技术出版社，1986，第119页。

　　档案学的政治性格与政治性既有联系又有区别。两者的联系在于中国档案学的政治性格与中国档案学的政治性都与政治存在密切关联。但是两者还是存在很大区别的，具体表现在以下方面。第一，两者的观察视角不同。中国档案学的政治性格是从一种人化性格的视角来探讨中国档案学的学科个性和面貌，它涉及中国档案学科内部的方方面面，包括中国档案学的价值取向、研究方法、角色结构、研究对象、研究环境等。因此，其研究视角更加细致和全面。而中国档案学的政治性仅仅指的是档案学的党性、阶级性及其所要求的机要性，是从狭隘的阶级视角对档案学的探讨，很少涉及对档案学内部理论体系与政治行政关联的细致探讨。第二，两者的内涵不同。档案学政治性的内涵较为单一，单纯指的是档案学的阶级性；而中国档案学政治性格的内涵则更为广泛，包含了中国档案学发展中更丰富的政治行政内涵和关联，注重探讨中国档案学研究所表现出的政治行政特色，比如研究主体的政治行政认同、资政取向、（行政）实践方法，研究对象的权力建构，研究环境的政治熏染，中国档案学科未来发展走向等。探讨中国档案学的政治性格有助于厘清中国档案学研究的内在机理，属于学科元理论的探讨。

第三节　学术史回顾

　　"中国档案学的政治性格"是本书的研究主题，现按照文献检索词——"档案 + 政治""档案 + 行政""档案 + 权力""Archives/Records + Politics""Archives/Records + Administration""Archives/Records + Power"作为检索词，对中国学术期刊网络出版总库（CAJD）、中国优秀博硕士学位论文全文数据库、中国人民大学图书馆馆藏数据库、ProQuest 等数据库进行检索。检索结果见表 0 - 1。

表0-1 "中国档案学的政治性格"检索一览（检索时间2014年2月14日）

检索数据库 \ 检索词	"档案+政治"		"档案+行政"		"档案+权力"		Archives/Records + Politics		Archives/Records + Administration		Archives/Records + Power	
	检出数	相关数	检出数	相关数	检出数	相关数	检出数	相关数	检出数	相关数	检出数	相关数
中国学术期刊网络出版总库（CAJD）	175	66	1212	7	12	9	/	/	/	/	/	/
中国优秀博硕士学位论文全文数据库	3	0	5	1	0	0	/	/	/	/	/	/
中国重要会议论文全文数据库	2	2	35	0	1	1	/	/	/	/	/	/
国重要报纸全文数据库	14	0	232	0	5	0	/	/	/	/	/	/
中国人民大学图书馆馆藏数据库	8	1	8	0	2	0	1	0	8	0	1	1
ProQuest跨库检索	/	/	/	/	/	/	11	4	22	1	14	12
谷歌学术（Google Scholar）	/	/	/	/	/	/	136	4	846	2	202	24

检索结果显示，目前档案学界还没有专文论述中国档案学的政治性格问题，但有关政治行政因素在中国档案学研究中的地位、政治行政因素对中国档案学产生的影响等问题则有较多涉及和探讨，这些问题是探讨中国档案学政治性格问题的重要基础。因此，笔者将对这些问题进行概要述评。

一　学界对于政治行政因素的研究分歧

（一）对政治行政因素的肯定

档案学研究与政治行政有着千丝万缕的联系，学界许多学者主张重视政治行政因素的影响，对于档案学研究的政治行政因素给予了较多的关注与肯定。吴宝康很早便对政治行政因素进行了肯定，他主要是从档案学的政治性方面进行探讨，认为档案学具有党性，档案学的党性是阶级性和科学性的统一，并且提出了"社会主义档案学"的名词，"可以认为我国档案学从根本上说是有阶级性、党性的……这正是档案学不同于其他社会科学的一个特点"[①]，"明确档案学的党性，对于建设档案学，提高档案学的理论水平和科学水平是具有决定意义的"[②]；王李苏，周毅认为，"中国的档案学从开始便包含政治和学术两种因素，并且政治因素始终居于主导地位"[③]；胡鸿杰引入管理学的"权力与规则"[④]学说，指出档案学研究应该关注权力的影响；和宝荣认为，"档案学研究仍然需要克服和防止极'左'的僵化思想，又要警惕被这'左'的反拨弹入脱

①　吴宝康：《档案学理论与历史初探》，四川科学技术出版社，1986，第119页。
②　吴宝康：《档案学理论与历史初探》，四川科学技术出版社，1986，第122页。
③　王李苏、周毅：《回顾与展望——对我国档案学发展的历史考察》，《上海档案》1988年第6期。
④　胡鸿杰：《权力与规则》，http://blog.ifeng.com/article/3702341.html。

离社会主义政治的迷途"①；高大伟也持有此种观点，认为要警惕档
案学的去政治化倾向，现在档案学研究陷入一种"政治困境"，
"从以前的对政治的过度依附，错误地转变为对政治的离弃"②。

（二）对政治行政因素的警惕

学界许多学者认为，中国档案学对于政治行政过度依赖，并且
指出了其中的危害。持有此种观点的学者包括江村夫、胡鸿杰、高
大伟、周林兴、徐欣云、殷仕俊等人，比如，江村夫认为，用行政
方式来管理档案学研究，容易导致学术的"千篇一律"③；胡鸿杰
认为，"如果在限度和时效之外，肆意施加行政影响，就会阻碍甚
至破坏学科的健康发展"④；高大伟认为，"档案学对档案事业和国
家政策存在一种过度的依赖"⑤，平民化、社会化的研究理念不够完
善；周林兴认为，"档案学术发展存在行政权力的过度渗透以及档
案学人对政策的过度解读现象"⑥；殷仕俊认为，"政治—行政"因
素过多地参与到档案学的发展中，使"推力"变为"阻力"，而且
这种"阻力"已经在档案教育、科研导向、学术期刊中体现
出来⑦。

二　关于政治行政因素对中国档案学的影响研究

学界对于政治行政因素对中国档案学的影响保持了较多警惕，

---

① 和宝荣：《从几个"热点"谈谈档案学研究的方向与方法》，《档案与建设》1990 年
　　第 1 期。
② 高大伟：《档案学研究中的政治话语初探》，《档案学通讯》2013 年第 5 期。
③ 江村夫：《黄土地 高围墙——中国档案学理论发展缓慢之散议》，《上海档案》1988
　　年第 5 期。
④ 胡鸿杰：《化腐朽为神奇——中国档案学评析》，上海世界图书出版公司，2010，第
　　163 页。
⑤ 高大伟：《档案学研究中的政治话语初探》，《档案学通讯》2013 年第 5 期。
⑥ 周林兴：《中国档案学术生态研究》，人民出版社，2013，第 37 页。
⑦ 殷仕俊：《从我国档案学史看"行政—政治"因素对中国档案学的影响》，《山西档
　　案》2009 年第 1 期。

并且进行了不少反思，总的来说，学界有关这一问题的反思不够集中，显得有些分散，但这些反思为后人提供了较好的启发和思路。学界对政治行政因素影响的关注归纳起来可以分为以下几个方面。

（一）政治行政因素对中国档案学研究对象的影响研究

学科研究对象是学科的主要研究关注点，不同学科存在不同的研究对象。目前学界对于政治行政因素对中国档案学研究对象的影响并没有引起应有的关注，只有个别学者有所简单涉及。比如李财富对中国档案学孕育时期的研究对象与政治行政的关联进行了探讨，认为封建社会生产落后，科技水平较低，文书档案是档案的主体，这些文书档案主要是在统治阶级的政务活动中产生的，其他种类的档案所占比例很小，所以，这一时期的档案学思想主要局限为文书档案工作经验的总结①；吴宝康对中国档案学产生时期的研究对象与政治行政的关联进行了分析，他认为，我国档案学从其一产生和形成就具有一个显著特点，那便是档案学主要是在总结行政机关档案管理与改革经验的过程中产生的②；高大伟对当代中国档案学的研究对象提出了质疑，认为之前所研究的档案学是一种"制度档案学"，其研究对象和主要内容包括档案馆学、档案室学和它们的前端——文书学或文件学，也就是局限为一种组织档案工作研究，这是不明智的③，他认为"制度档案学"没有揭示档案本质的功能需求，研究者丧失突破制度语境的能力，因此失去了很多认识领域④。

---

① 李财富：《中国档案学史论》，安徽大学出版社，2005，第21页。
② 吴宝康：《档案学理论与历史初探》，四川科学技术出版社，1986，第159页。
③ 高大伟：《档案学的元问题及可能的形而上》，博士学位论文，中国人民大学，2011，第114页。
④ 高大伟：《档案学的元问题及可能的形而上》，博士学位论文，中国人民大学，2011，第87~88页。

（二）政治行政因素对中国档案学学科性质与定位的影响研究

关于政治行政因素对档案学的学科性质的影响，较有代表性的学者是吴宝康，他坚持认为档案学具有党性和阶级性。他认为，"档案学是阶级社会的产物，必然带有阶级性和党性……档案学的阶级性、党性是很鲜明的。"[1] 对于吴宝康对档案学政治性的分析，高大伟有着不同的意见，他认为"档案学研究中政治分析的语言较为单一"[2]，将档案学的政治性局限为党性、阶级性、机要性过于简单和肤浅，档案学的政治性应该包括更多的政治内涵。

有关政治行政因素对档案学学科定位的影响在学界也有所涉及。胡鸿杰认为中国档案学是一门具有很强的行政学色彩的学科[3]，而且档案学中的许多具体问题如档案价值鉴定问题、文档一体化问题、文件生命周期理论等不是单纯的管理过程问题，而应该关注其主体因素[4]，胡鸿杰所认为的主体因素当然与政治行政因素密切关联；王李苏、周毅也认为"机关档案学事实上属于行政学"[5]；徐欣云对把档案学定位为管理学科提出了质疑，主张应该重视政治因素对档案学的影响，认为"学界努力脱离政治和行政色彩，定位档案学于管理学科，致力于研究信息管理技术和方法，但这并非档案学所长"，档案学界对管理主体和管理目标等问题避而不谈，忽视

---

① 吴宝康：《论档案学与档案事业》，南京大学出版社，1988，第 203 页。
② 高大伟：《档案学研究中的政治话语初探》，《档案学通讯》2013 年第 5 期。
③ 胡鸿杰：《化腐朽为神奇——中国档案学评析》，上海世界图书出版公司，2010，第 31 页。
④ 胡鸿杰：《化腐朽为神奇——中国档案学评析》，上海世界图书出版公司，2010，第 94 页。
⑤ 王李苏、周毅：《回顾与展望——对我国档案学发展的历史考察》，《上海档案》1988 年第 6 期。

了档案的政治色彩①。

（三）政治行政因素对中国档案学研究方法的影响研究

　　理论联系实际是中国档案学的重要研究方法，政治行政因素的介入对该方法产生的影响已经引起学界的关注，一些观点还存在明显分歧。王李苏、周毅认为，"左"倾思想突出实践轻视理论，冲击了理论联系实际的方法，稍有深度的理论就被指责为"脱离实际"②；高大伟也持有此种观点，认为档案学研究出现了将工作的思想与方法上升为理论研究的指导思想与方法的现象，没有产生档案学的专门研究方法③；徐欣云则与两人的观点相反，她认为档案学理论联系实际的研究方法应该更多关注政治行政因素，否则理论很难做到真正联系实际，"档案的理论主体与实践主体没有谁对谁错，只不过两者都轻视了档案的政治性"④。

（四）政治行政因素对中国档案学学科体系的影响研究

　　学科体系包括分支学科构成、学科分类以及各分支学科的研究分工等。政治行政因素对中国档案学学科体系的影响也已引起一些学人的关注，研究结论和观点也存在分歧。比如，李财富认为，近代中国档案学学科体系不健全，只有文书档案管理学一门分支学科，这与近代中国档案工作仅仅局限为机关文书档案工作有着直接关联⑤；胡鸿杰认为，中国档案学的基本学科结构以档案管理学为

---

① 徐欣云：《我国档案理论与实践关系的再探索——重申政治因素的影响》，《图书情报知识》2011 年第 1 期。
② 王李苏、周毅：《回顾与展望——对我国档案学发展的历史考察》，《上海档案》1988 年第 6 期。
③ 高大伟：《档案学的元问题及可能的形而上》，博士学位论文，中国人民大学，2011，第 90 页。
④ 徐欣云：《我国档案理论与实践关系的再探索——重申政治因素的影响》，《图书情报知识》2011 年第 1 期。
⑤ 李财富：《中国档案学史论》，安徽大学出版社，2005，第 161 页。

代表，其价值取向是通过"政治—行政的推动力和档案学者的职业经历反映出来的"①，中国档案学在学科结构的建构上首先关注效率的提高和管理过程的设计，他认为，这种现象应该辩证地分析，"行政力量成为中国档案学的第一推动力量是十分必要的，但如果作为学科发展的持久动力是违反科学发展规律的，因为它可能会破坏学科结构的平衡"②。高大伟对于政治行政因素对中国档案学学科体系的影响给出了一个不同的观点和思路，他认为，不应过分离弃政治，档案与政治紧密关联，甚至档案本身就属于政治现象，应该"确立政治研究在档案学研究中的重要意义"，"政治将是完整档案学理论结构的需求之一"③。

（五）政治行政因素对中国档案学价值取向的影响研究

政治行政因素对中国档案学价值取向的影响主要表现为档案学研究的资政取向，中国档案学界对于这一取向存在较大争议。有学者表示支持，比如吴宝康持有明显的支持态度，他认为，档案学的发展壮大应该密切关注档案实践部门的业务发展，特别是"档案实际部门中领导的讲话、批示"④ 等，档案学应该以满足实践部门的实际需求为主要研究目标；李财富认为，档案学者应该"紧紧抓住党和国家的中心工作开展研究，体现出研究的时代特色"⑤。

然而，学界对中国档案学的资政取向更多的是反对和质疑。比如阿迪认为，档案学研究在价值观念上存在一种政治功利主义，理论研究异化为"文件＋注释"或"语录＋实际"，忽视档案学自身建

---

① 胡鸿杰：《化腐朽为神奇——中国档案学评析》，上海世界图书出版公司，2010，第155页。
② 胡鸿杰：《化腐朽为神奇——中国档案学评析》，上海世界图书出版公司，2010，第156～157页。
③ 高大伟：《档案学研究中的政治话语初探》，《档案学通讯》2013年第5期。
④ 吴宝康：《档案学理论与历史初探》，四川科学技术出版社，1986，第295～296页。
⑤ 李财富：《中国档案学史论》，安徽大学出版社，2005，第129页。

设，自我发展不足。因此，学界应该建立一种超越政府的"理性权威"①；胡鸿杰认为中国档案学"为政府管理服务"②的理论模式（结构）在学科刚开始的时候优势明显，但是如果一直如此发展下去，很容易成为一种惯性依赖，导致学科畸形发展，难以实现真正的繁荣。

三　关于中国档案学如何对待政治行政因素的研究

学界关于中国档案学如何对待政治行政因素给出了不少建议，这些建议主要可以分为三个方面，即合理利用行政力量，学术独立与自主以及走向多元档案学。

（1）合理利用行政力量。学界对政治行政因素对中国档案学的影响并没有一味地否定，而是认为应该合理利用政治行政力量，加强学术管理。较有代表性的学者为胡鸿杰，他认为，"政府管理需求给中国档案学的发展带来了机遇"③；"中国档案学的形成和发展的历史说明，合理地利用'行政的参与'既是必要的也是可行的……对科学的管理不仅仅是对科学已有成果的组织和控制，更应当包括对科学及其成果的设计"④；李财富提出了一些加强档案学术管理的具体措施，比如"建立档案科研管理机构，制定学科发展战略，开展优秀成果转让等"⑤。

（2）学术独立与自主。面对政治行政因素，中国档案学该何去何从，许多学者认为应当坚持学术独立与自主。比如阿迪主张"发

① 阿迪：《档案文化意识：理性的呼唤——纪念"五四"运动七十周年的思考》，《档案与建设》1989 年第 2 期。
② 胡鸿杰：《化腐朽为神奇——中国档案学评析》，上海世界图书出版公司，2010，第 4 页。
③ 胡鸿杰：《化腐朽为神奇——中国档案学评析》，上海世界图书出版公司，2010，第 132 ~ 133 页。
④ 胡鸿杰：《化腐朽为神奇——中国档案学评析》，上海世界图书出版公司，2010，第 162 ~ 163 页。
⑤ 李财富：《中国档案学史论》，安徽大学出版社，2005，第 154 ~ 155 页。

展档案学主体意识，实现与社会群体意识的统一"①；胡鸿杰主张"适当减少对'行政势力'的过分依赖，推进政治体制改革，通过立法维护学界的自主性和独立性，完善学术评价机制"②，同时学术研究主体应当"视寂寞为必然，视尊严为生命，沿着这条道路走下去"③；高大伟认为，档案学者应"保持独立而清醒的学术自觉和文化自觉"④；陈永生认为，"为了追求真理，档案学理论工作者就必须把理论自身的逻辑贯彻到底"⑤。

（3）走向多元档案学。学界对于如何对待政治行政因素给出了另一条对策就是发展多元档案学，即更多借鉴其他学科领域的先进成果，拓展档案学的研究视野，丰富档案学的理论体系。比如王李苏、周毅主张广泛学习和借鉴其他学科的相关理论，包括"文化学、社会学、信息论、情报学等"⑥；高大伟也主张档案学人应该具有跨学科视野，"更多以信息、伦理、历史与政治现象为参照"⑦，而且他还提出了"社会档案学"⑧的范畴，主张从社会的视野来看组织，要求档案学人不能局限于档案工作实践，而应该升华为关系全人类福祉的社会实践（或称档案实践）。

综上可知，政治行政因素对中国档案学的影响十分深刻，学界

---

① 阿迪：《档案文化意识：理性的呼唤——纪念"五四"运动七十周年的思考》，《档案与建设》1989 年第 2 期。

② 胡鸿杰：《化腐朽为神奇——中国档案学评析》，上海世界图书出版公司，2010，第181 页。

③ 胡鸿杰：《化腐朽为神奇——中国档案学评析》，上海世界图书出版公司，2010，第83 页。

④ 高大伟：《档案学的元问题及可能的形而上》，博士学位论文，中国人民大学，2011，第 106 页。

⑤ 陈永生：《档案学论衡》，中国档案出版社，1994，第 120 页。

⑥ 王李苏、周毅：《回顾与展望——对我国档案学发展的历史考察》，《上海档案》1988 年第 6 期。

⑦ 高大伟：《档案学的元问题及可能的形而上》，博士学位论文，中国人民大学，2011，第 94 页。

⑧ 高大伟：《档案学的元问题及可能的形而上》，博士学位论文，中国人民大学，2011，第 91 ~ 92 页。

许多基础理论研究根本无法绕开和回避这个问题。通过文献梳理可知，中华人民共和国成立之后一直到今天，档案学界对于中国档案学与政治行政内在关联的研究给予了较多关注，不断有档案学人对这一问题进行反思，对未来发展进行探路，这些关注包括政治行政因素的地位、政治行政因素的影响、如何对待政治行政因素等，而且在一些问题上也达成了共识，取得了一些较为深入的理论成果。同时也不难看出，学界对于中国档案学与政治行政内在关联的研究并没有取得突破性进展，在许多问题上依然存在大量的理论分歧和争论，有的甚至是截然相反的观点和结论。这些分歧和争论包括：政治行政因素的地位；政治行政因素对中国档案学学科性质与学科定位的影响；政治行政因素对中国档案学研究方法的影响；政治行政因素对中国档案学学科体系的影响；中国档案学研究的资政取向等，在许多理论问题存在较大分歧的情况下，学界提出的对策和建议就值得怀疑和进一步推敲。而且学界更多的是一种就事论事的探讨，往往顾此失彼，没有从更为宏观和全面的视角对中国档案学科的构成要素与政治行政的内在关联进行细化分析。

总之，中国档案学界并没有从理论上真正搞清"中国档案学与政治行政因素的内在关联"这一基础性问题，还有进行更为细致和深入探讨的必要和空间。而这正是本书的主题——"中国档案学的政治性格研究"所力求分析和解决的重点。

第四节　主要内容

文章通过分析中国档案学的研究主体、研究对象和研究环境，发现中国档案学与政治行政存在深刻的内在关联，认为中国档案学具有一种独特的政治性格，在对这种政治性格进行系统的分析和评价之后，提出了完善与发展中国档案学政治性格的设想。

第五节　研究思路

本书从中国档案学研究的三个要素——研究主体、研究对象和研究环境入手，分别探讨中国档案学与政治行政的内在关联，然后以此为基础，探讨中国档案学政治性格的形成机理，并对中国档案学的政治性格进行评价和反思，最后提出了完善和发展中国档案学的政治性格的设想和建议。

具体思路与研究框架见图0-1。

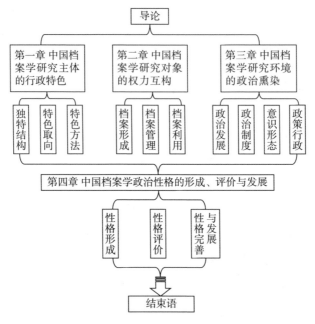

图0-1　本书研究思路与框架

第六节　研究方法

（1）马克思主义分析方法。历史地辩证地看待问题，对中国档案学的政治性格进行客观的评价。

（2）文献分析法。论文需要做大量的文献搜集和分析，通过对本专业及相关专业论文以及专著的阅读和分析，获取论文的有益资料。

（3）跨学科研究方法。论文涉及档案学、政治学、心理学、社会学、文化学、管理学、科学学等多个学科领域，需要综合运用跨学科的方法进行理论探讨和分析。

（4）定性分析与定量分析相结合。论文需要通过推理、归纳、演绎等定性分析方法进行理论思辨，也需要通过文献计量、数据统计等定量分析法进行数据论证。

（5）比较分析法。论文需要运用比较分析法进行中外比较和古今比较。

第七节　研究创新与不足

一　可能的创新

（1）首次提出"中国档案学的政治性格"，全面具体地对中国档案学的学科要素与政治行政的内在关联进行细化分析和探讨。

（2）从研究主体、研究对象和研究环境三个方面分析中国档案学的政治性格，通过分析三个要素之间的内在关联，探讨中国档案学政治性格的形成机理和内在逻辑。

（3）从独特结构、特色取向、特色方法三个方面分析中国档案学研究主体，认为中国档案学的研究主体具有鲜明的行政特色；从档案形成、档案管理、档案利用三个方面分析权力与中国档案学研究对象的相互建构；从政治发展环境、政治制度环境、意识形态环境、政策行政环境四个方面探讨中国档案学研究环境的政治熏染。

（4）辩证地看待中国档案学的政治性格，认为中国档案学政治性格存在五大优势、四大风险，主张对于中国档案学的政治性格不应一味地肯定或者否定，而应该保持和发扬其性格优势，同时采取适当措施规避其性格风险，完善和发展中国档案学的政治性格。

二　研究不足

（1）虽然笔者努力穷尽相关文献的搜集和阅读，但限于时间和精力，还有不少文献没有关注到，相关学科经典著作的阅读也存在薄弱之处。

（2）研究主题的广度和深度对笔者理论素养提出了较高要求，笔者限于学识和理论水平，对某些理论问题的探讨还存在薄弱之处。

以上不足是笔者今后重点关注和努力提高的方向。

第一章　中国档案学研究主体的
行政特色

　　具有社会性、意识性的主体——档案学家不能无视社会历史而导致价值观念的扭曲……现在的档案学研究仍然需要克服和防止极"左"的僵化思想，又要警惕被这"左"的反拨弹入脱离社会主义政治的迷途①。

　　中国档案学作为一门科学，从其诞生到现在已经走过了80年的历程，可谓硕果累累、异彩纷呈，取得这一成就的主要原因是什么呢？毛泽东认为，事物发展的主要原因在于事物内部，而事物外部的其他因素则是事物发展的第二位原因②。同理，中国档案学学术成就的取得离不开中国档案学学术系统中的主要因素，那就是研究主体——学人因素。中国档案学的研究成果就是中国档案学研究主体的行为结果。中国档案学研究主体的最大优势在于可以自主地选择研究内容，进行创造性的推理和论证，得出更加符合实际的研究成果，如此档案学才呈现百花齐放的景象。中国档案学研究主体的角色结构、价值取向、研究方法等价值和行为因素对于中国档案学的形态与个性必然具有重要影响。本章将从这三个方面分析中国

---

① 和宝荣：《从几个"热点"谈谈档案学研究的方向与方法》，《档案与建设》1990年第1期。

② 《毛泽东选集》第1卷，人民出版社，1991，第289~290页。

档案学研究主体的特色，解析这些特色的具体表现并对其进行评价。

第一节　行政特色结构——中国档案学人的独特结构

结构功能主义认为，社会是由许多要素构成的有机整体，要素之间不同的组成结构产生着不同的功能，结构决定功能，要素不变的前提下，优化结构可以增强功能。同理，一个学科研究主体的内在角色结构对于这个学科的形态与功能也必然具有深刻影响。那么中国档案学研究主体的角色结构如何呢？笔者将按照历史的线索对中国档案学人的角色结构进行简要梳理，以期探寻中国档案学研究主体的角色结构特点及其优化策略。

一　古代档案学（思想）的学人角色结构

中国档案学在古代并没有产生，但中国古代档案工作以及档案管理法典、规章、制度中却孕育着许多档案学思想的萌芽。这些思想萌芽来源的主体可以分为两类角色，一类是文书档案工作者，另一类是史学工作者。

中国古代文书档案工作者的主体是史官，古代档案学思想也主要是由从事档案工作的史官以及主管文书、档案工作的官吏提出来的，其他人无法接触档案工作，因此很难有所贡献。比如，宋代的几位档案工作者（架阁官）就档案管理的一些具体问题进行了研究并撰写了专门的文章。① 值得指出的是，这些官吏大多实行世袭制，甚至到了宋代，这种制度仍然是选任文书档案官吏的重要手段之

---

① 李财富：《中国档案学史论》，安徽大学出版社，2005，第11页。

一，世袭制给档案学思想的发展带了严重阻碍，因为世袭制下的史官大多因循守旧，仅仅凭借经验就可以实现对文书档案的管理，不愿进行档案管理方法的改革，这也是中国古代档案学思想一直处于萌芽阶段而没有成为科学的重要原因。

一些史学工作者也为中国档案学思想的萌芽做出了贡献，汉代司马迁编著史学巨著《史记》得益于自己作为史官的有利位置，可以接触大量档案；唐代史学家刘知几编有大量的起居注和实录，他自己本身也是史官，其中蕴含大量的史学编纂思想；再比如宋代学者司马光主持编修《资治通鉴》是我国继《史记》之后的又一部历史巨著；清代史学大家章学诚也在档案文献编撰方面提出了许多创见。

中国古代档案学思想的成就主要是由史官以及具有史官背景的史学工作者取得的，其主要的贡献在于他们最为熟悉的文献整理以及编史修志方面，其他领域的档案学思想还是一些简单的经验积累，并不能真正有所建树。总之，中国档案学在古代孕育时期的研究主体大都指向了同一种角色——官吏。中国古代档案学思想与官员以及政治行政具有一种天然的关联。

二　近代档案学的学人角色结构

中国近代档案学研究主体相对于古代单一角色主体来说，角色结构呈现了多元化的特点，参与研究的主体既有政府官员又有历史学者，还有档案工作者以及档案教师，"近代中国档案学正是在行政界、史学界和档案界三股相互补充、相互促进的研究力量的共同努力下创立起来的"[1]。近代中国档案学的内容充分反映了当时资产阶级档案改革运动以及史学界整理明清档案的现实状况，而且形成了自己的理论体系，但其缺点是这些成果大多是直接经验材料的

---

[1] 李财富：《中国档案学史论》，安徽大学出版社，2005，第51页。

总结，理论概括性不高，近代中国档案学的研究内容也局限在机关档案室的狭小范围内。

虽然中国近代档案学研究主体呈现角色多元化的格局，但行政界官员在研究主体中始终处于主流地位，是奠定旧档案学基础的主要力量。胡鸿杰认为"他们在这一过程中起到了关键性的影响"①，其主要原因在于 20 世纪 30 年代行政界发起了以文书档案改革为主要内容的"行政效率运动"，国民政府大量的行政界官员，比如甘乃光、滕固、何鲁成、周连宽、程长源、张锐、龙兆佛、孙澄方、吴崇廉、蔡国铭等，以提高行政效率为目的，根据所在单位的文书档案改革实践，提出了改革文书档案工作的看法和见解，探讨了档案管理技术、档案行政管理以及档案人事管理等方面的内容，出版了一大批总结文书档案改革经验的著作，比如 1940 年出版的龙兆佛的《档案管理法》、1942 年出版的梁上燕的《县政府公文处理与档案管理》、1945 年出版的周连宽的《档案管理法》、1946 年出版的陈国琛的《文书之简化与管理》等，这些著作标志着中国档案学的正式诞生。

近代中国档案学研究主体的角色结构呈现多元化态势，但行政官员这一角色成为近代中国档案学众多研究角色中的主流，他们由于更加贴近文书档案管理实际，在一场"行政效率运动"的影响下，迅速进入总结研究档案管理经验的状态，导致一大批研究成果的问世，中国档案学由此诞生。

三 现代档案学的学人角色结构

中华人民共和国成立后，我国档案学发展进入现代时期。现代档案学以改革开放为分界点可以分为两个阶段。

第一阶段：1949 年中华人民共和国成立到 1978 年改革开放。

---

① 胡鸿杰：《"行政效率运动"与中国档案学》，《档案学通讯》2001 年第 5 期。

这一时期中国档案学迎来了一个崭新的发展阶段。中国人民大学成立了档案专修班，拉开了中国档案学高等教育的序幕，国家档案局成立，国家规模的档案事业正式建立起来。这一时期中国档案学研究主体的角色结构大大拓展，既有实践部门的档案业务工作者、档案业务指导工作者，又有专业理论工作者、教育工作者，但中国档案学研究主体的角色结构是不均衡的。

一是专业理论工作者、教育工作者的角色比重在学人主体中迅速上升，成为学人主体中的重要部分，尤其是中国人民大学档案系成立后，档案科研力量迅速壮大，不断引入消化吸收苏联的档案学成果，同时结合我国档案管理实际，取得了许多新的研究成果。二是档案实际工作者、档案业务指导工作者在档案学研究中仍然发挥着重要作用，他们发表档案学文章，出版档案学论著，参与制定档案工作方针、政策、规章、制度，在档案工作会议上发表报告、讲话等，成为档案学理论研究的重要参考。三是档案学理论研究特别注重联系实际。这一时期的专业理论工作者、教育工作者特别注重联系档案工作实际，特别关注党和国家的路线、方针、政策以及档案工作的规章制度，为建立中国档案学新的学科体系做出了艰苦的努力。这一现象的形成有一个重要原因，那就是这一时期的档案学人大多有一个共同特点，他们大多曾经做过档案工作，比如吴宝康是中国人民大学档案学系的系主任，虽然他的角色是档案科研教育工作者，但他之前的角色却是档案行政管理工作者，有档案行政管理工作的丰富背景。类似这种情况使得这一时期的档案学理论工作者具有以下特点：具有中国档案行政管理工作的丰富经验，关心档案实际部门存在的问题和障碍，可以更有针对性地根据这些问题开展理论研究工作，可以说他们的角色和实际工作者的角色是很像的，两者的界限有些模糊，"当他们的社会角色发生转换之后，他们的思维方式并没有发生相应的同步转变……常常表现在他们像处理一些实际问题那样对待档案学的理论问题"①。

在现代档案学的第一阶段，研究主体的角色结构大大丰富，但由于档案学教育科研工作者的丰富实践经历使得其角色定位具有很强的行政实践倾向性。因此，这一时期中国档案学的学人结构呈现了较为浓厚的行政实践特色。

第二阶段：1978 年改革开放至今。

改革开放之后，中国档案学迎来了新生，档案学研究主体更加丰富，角色构成更为多样化，主要包括档案业务工作者、档案行政管理工作者、档案学理论工作者、档案教育工作者（高校档案专业教师）、群众性的学术研究个人和组织（档案学会）。

其中高校档案专业教师仍然是中国档案学研究的主体，但是这一时期档案学教育科研工作者的角色经历发生了很大的变化，即与中华人民共和国成立后那些档案学教育工作者相比，他们大多数人几乎没有档案管理的实践经历，大多数教育工作者是由学生直接过渡为教师，也就是说，"他们对于档案工作的认识具有很大的间接性"②，这也是导致档案学理论界广受诟病的"理论脱离实际"的根源，这种看法认为，许多档案学理论工作者，尤其是一些高校教师，不注重深入实际进行调查研究，闭门造车，力求理论的晦涩和高深，空对空的研究，做出的科研成果得不到实践部门的认同，理论界与实践界的隔阂由此产生。

这一时期，档案业务工作者和行政管理工作者的实践经验丰富，对档案工作各方面情况较为熟悉，其在档案学研究主体构成中的比重虽然下降，但仍然占有重要的一席之地，其学术成果也以应用理论和应用技术研究为主。

---

① 胡鸿杰：《化腐朽为神奇——中国档案学评析》，上海世界图书出版公司，2010，第74页。

② 胡鸿杰：《化腐朽为神奇——中国档案学评析》，上海世界图书出版公司，2010，第76页。

四　档案学人角色结构评价

通过概要梳理，可以对中国档案学人角色结构的特点总结并评价如下。

（1）中国档案学人的角色结构由单一向多元发展。比如古代只有史官一种角色在探讨中国档案学思想，到了近代除了行政界主导之外，学界也加入进来，到了现代，学人角色更加丰富，群众组织和草根也纷纷加入档案学术研究中来。

（2）行政学人角色从古至今始终伴随并参与中国档案学术研究。从古代的史官到近代的行政官员，再到现代的档案行政实践人员，虽然综观各个历史时期，档案学术研究中行政学人角色的比重总体呈现递减趋势，但他们始终是中国档案学研究中一股不可忽视的强大力量。

（3）档案理论工作者从古至今也伴随中国档案学发展始终，而且比重呈现越来越大的趋势。但有趣的是，在倡导学术自由与独立的今天，档案学理论工作者的角色始终没有独立于档案行政实践之外，而是与档案行政实践保持一种若即若离的"暧昧"关系，这一点在中华人民共和国成立之后学人角色构成中体现得尤其明显，理论工作者直接拥入档案行政实践的怀抱，改革开放之后档案学理论工作者大多缺乏档案行政实践经历，这本可以促进中国档案学独立自由地发展，但令人意外的是，这反而使其招致一些"理论脱离实际"的非议和责难。

中国档案学的行政学人角色是角色构成中不可或缺的重要部分，这一角色从中国档案学的诞生一直伴随至今，在有些时期甚至起着主导或者决定性作用。未来中国档案学人的角色结构无论如何变化，行政学人角色将始终占有一席之地并对其他角色产生强大影响力。

五　档案学人角色结构完善

中国档案学人各个角色之间互相指责是毫无意义的，中国档案学人角色结构应该达到一种内在的平衡与互动状态。笔者认为实现这种状态并不难，这需要各角色主体努力进行自我提升，同时应关注其他角色的研究，加强各个角色之间的互动交流，从而形成一种稳定友善的角色结构形态，最终实现学术研究的角色共赢。具体策略如下。

（1）重视行政学人角色在学人结构中的作用。行政角色拥有管理资源的特权，掌握着制定规则的大权，也更加贴近和了解档案资源，其提出的一些档案管理理论与方法，更加贴近地气和实际，应该予以高度重视。中国档案学具有自己的个性特色，其中之一就是行政学人角色的重要作用，中国档案学的产生需要行政学人的助产，中国档案学的未来发展仍然需要行政学人的参与，未来中国档案学的角色构成应该给行政学人留有一席之地。比如，鼓励档案行政实践工作者研究档案学理论，将自己平时所想所思写成学术报告，用于指导实践，制定路线方针政策，加强与理论工作者的交流。

（2）档案学理论工作者在进行档案理论研究的同时，应注重加强与档案行政和业务工作者的交流。理论工作者应充分尊重与吸收这些角色群体的想法以及需求，注重两种角色的互动与交流，档案学理论工作者可以深入档案局（馆）等档案管理实践一线进行调研或者直接参与其中的工作，在实践中感悟体会实际工作，了解档案实际工作者的想法，不可闭门造车，学术界倡导的学术独立自由是指坚持学术研究不受行政力量的粗暴干扰，但不是说不接受来自行政界、实践领域的第一手材料和想法。比如，学界在举办学术论坛时应该邀请行政实践部门中有丰富经验和理论的人士参与，不可将其排除在外。

（3）建立档案学理论工作者、档案教育工作者、档案业务工作者、档案行政工作者等多角色互动交流的平台与机制。可以通过定期的会晤建立一种交流平台，加强各角色之间的交流与互动，各方各取所需，贡献自己力所能及的力量，达到学术成果的更快共享与提升。比如，从2007年至今，上海市连续7年每年举办"3＋1"档案论坛，档案行政部门和教学机构强强联手，这4家单位分别是上海市档案局、上海大学档案系、上海师范大学档案系、解放军南京政治学院（上海校区）军事信息管理系，论坛活动每年举办一次，由3所高校和上海市档案局轮流承办，上海市档案局馆长吴辰在首届论坛的致辞中认为，"3＋1"档案论坛的根本出发点是实现强强联合、资源整合、优势互补，繁荣档案学术研究，提升档案工作水平，"加强档案部门与高校之间、有关高校相互之间的交流与合作"①，这种形式堪称中国档案学研究主体角色交流的典范。

第二节　资政取向——中国档案学人的特色取向

一　资政取向的表现

中国档案学研究的资政取向是指中国档案学研究主体在进行档案学研究时，偏重于选择当下国家、政府以及档案行政机构所关注的问题进行研究，偏重于对国家档案行政部门的一些规章制度进行理论解读，偏重于针对有关档案实际问题向政府部门提出自己的建议以及对策。下面将从两个案例入手对此种取向进行分析。

案例一：2005年，国务院办公厅出台《关于加强我国非物质文化遗产保护工作的意见》，我国非物质文化遗产保护工作正式提上国家日程，各项工作如火如荼地开展起来，档案学界也应声而

---

① 郭红解：《档案行政部门和教学机构强强联手——上海举行首届"'3＋1'档案论坛"》，http://www.tedala.gov.cn/cmsfile/2008 - 1 - 8/1199755259925.htm。

动，迅速做出理论回应，涵盖的研究内容包括非遗档案的定义与作用，非遗档案管理、开发与利用，非遗档案管理体制与法规，非遗档案数字化建设等方方面面，中国知网学术期刊库档案学学科领域检索"非物质文化遗产档案"共得到 118 条结果，具体年度分布见表 1 - 1。

表 1 - 1　非物质文化遗产档案研究成果检索一览

单位：条

年度	2005	2006	2007	2008	2009	2010	2011	2012	2013	2014
数量	0	11	13	10	10	3	12	17	32	10

案例二：2007 年 12 月，国家档案局制发了《关于加强民生档案工作的意见》，民生档案迅速成为档案界的一个热门话题，档案学界马上进入民生档案的研究领域，研究内容十分广泛，包括民生档案的含义与特点，民生档案资源的建设，民生档案的管理，民生档案的服务与利用，民生档案数字化及数据库建设，民生档案法律法规建设，民生档案的个人信息保护及隐私权保护等问题。中国知网学术期刊库档案学学科领域检索"民生档案"共得到检索结果543 条，具体年度分布见表 1 - 2。

表 1 - 2　民生档案研究成果检索一览

单位：条

年度	2006	2007	2008	2009	2010	2011	2012	2013	2014
数量	0	12	81	92	91	66	79	92	30

从上述两个案例可以看出，国家出台有关方针政策之前，档案学界对于某一问题或者领域的研究很少甚至没有，但国家出台有关方针政策之后，学界便一拥而上，就该问题展开深入而广泛的探讨和研究，或对国家政策进行解读，或指出问题，或提出对策建议，这典型反映出中国档案学界存在明显的资政取向。

档案学界对于这种资政取向存在截然相反的意见。持有赞同意见的以吴宝康、李财富等为代表，吴宝康认为这是党对档案学研究的要求，社会主义档案学必须"为无产阶级服务，为社会主义革命和社会主义建设服务"①。李财富认为，紧紧围绕党和国家的中心工作及档案工作中的热点和难点问题开展档案学研究，研究成果才更具有时代性，才能为档案事业改革及有关部门制定档案工作政策提供理论参考依据②。

与此相反，学界也有不少学者对资政取向提出了质疑和批评，认为中国档案学界不注重加强自身理论建设，过分忙于指导实践，存在一种政治功利的倾向。代表性人物如江村夫、阿迪、胡鸿杰、陈永生、周林兴等，阿迪认为中国档案学从来缺少一种自我发展意识、一种主体意识，缺乏理性精神，缺乏一种"超越政府、社会各阶层的理性权威"③；江村夫认为，档案学界忙于论证领导的讲话与指示，"档案学许多理论成为方针政策的注脚"④；胡鸿杰认为，我国档案学理论主体的独立性较差，向国家和政府"建言"是学界作用于社会的一种生存方式，"对于档案管理实践主体存在着典型的依附，如果不打破这种依附，中国档案学难有大的发展"⑤；周林兴认为，档案学人对政策的过度解读与关注使"档案学术系统存在与政治不协调的问题"⑥。

可见，对于中国档案学研究主体的资政取向，学界存在不小争议。中国档案学研究主体的资政取向的深层原因在哪里？这种资政取向到底合不合理？这种资政取向有无危害？在政治行政力量面前

---

① 吴宝康：《档案学理论与历史初探》，四川科学技术出版社，1986，第202页。
② 李财富：《中国档案学史论》，安徽大学出版社，2005，第129页。
③ 阿迪：《档案文化意识：理性的呼唤——纪念"五四"运动七十周年的思考》，《档案与建设》1989年第2期。
④ 江村夫：《黄土地 高围墙——中国档案学理论发展缓慢之散议》，《上海档案》1988年第5期。
⑤ 胡鸿杰：《化腐朽为神奇——中国档案学评析》，上海世界图书出版公司，2010，第77页。
⑥ 周林兴：《中国档案学术生态研究》，人民出版社，2013，第37页。

档案学界应该采取何种价值取向？这些问题是下文探讨的重点。

二　资政取向的原因与合理性

档案学界与政治行政领域打得如此火热，中国档案学研究主体的资政取向是显而易见的，这种取向的形成是多种原因综合作用的结果，有历史文化传统的原因，有"左"倾思想残余的原因，有现实体制的原因，有研究主体自身的原因，也有学科自身特征的原因。

（一）历史文化层面：资政取向是中国知识分子的一贯传统

中华文明源远流长，中国的历史文化传统以儒家入世思想为特色，对社会人生充满关怀，带有浓厚的资政倾向，这对中国知识分子可谓影响深刻。《论语》中有"学而优则仕"的说法，鼓励知识分子积极参政，这也是历代学人科举考试考取功名的依据；《礼记·大学》有"修身，齐家，治国，平天下"的说法；《孟子·公孙丑》更是豪言，"如欲平治天下，当今之世，舍我其谁也"；元代杂剧《马陵道》开头"楔子"里便说，"学成文武艺，货与帝王家"，中国古代儒家思想倡导现实关怀，躬身践行服务国家和社会，爱国忧民，将自身所学服务于国家和政府从古代开始就被认为是合情合理和理所当然的。再加上中国古代封建社会具有强大统一的国家组织机构，皇权高于一切，知识分子若想有所作为，除了参加科举考试，为皇权服务别无选择，这也是造成知识分子资政取向的重要因素。

（二）现实体制层面：现实行政管理体制是资政取向的重要成因

首先，从研究主体的角色构成来看，中国档案学研究主体的很大一部分是档案业务工作者或者行政工作者，他们与档案业务和行政实践关系密切，其研究成果自然更加贴近档案行政实际，具有很强的资政色彩。其次，目前档案学界存在一定程度的"学术行政化"现象。包括：学术团体行政化，比如档案学会都有相应的行政级别，学会领导由一定行政级别的官员担任；档案学术期刊大多依附于档案行政机关之下，并且按照主管部门分为全国性期刊和地方性期刊；学术评价行政化，根据发表刊物的行政级别打分等。这样一来，行政力量就介入学术研究，使得学术研究无法自由独立地开展，学界与政治行政界界限有些模糊。学界和政治行政界的意愿靠得越近，获得的实惠就会越多，而且符合行政偏好的文章也更容易发表，这就导致部分档案学人的资政倾向越来越明显。

（三）主体自身层面：学人现实关怀的因素抑或是学术压力和诱惑的因素

有的学者在研究过程中表现出的资政取向并非一种跟风行为，他们确实对一些社会现实问题具有深刻的感悟和体会，恰巧国家也把关注点聚焦于此，或者学者所关注的理论问题本身涉及国家政治行政层面的内容，两者实现了统一和融合，学者在实现自己学术追求的同时，也为国家政府提供了理论参考，这是一种双赢的利好现象，这种资政取向是值得肯定的。

但也有一种情况在不少学人中存在，他们的"资政"取向不是出自理论研究的自然养成，在大多数情况下是学者自身的趋利或者无奈选择。在学术行政化面前，虽然有学者不为所动，坚持独立自主地开展学术研究，但许多学者其实很难抵挡住诱惑和压力，他们无法以自己意志为转移，被迫做出无奈选择。不少学者在晋级、加薪、科研考核等诱惑或者压力面前，选择更容易出成果的政治行政"热点"进行研究，赶时髦，学术跟风，不是力求研究的深刻与扎实，而是追求学术成果的短平快，而"资政"正迎合了他们的这种需求。一般来说，资政问题足够时髦和吸引眼球，又是国家政府关注的焦点，不失为一种快速取得学术成果的捷径，于是这些学人便主动投入政治行政界的怀抱，学术性格产生变异，变得更加中庸温顺，短视功利，学术主体意识逐渐丧失，这种"资政"取向是应当坚决批评和抵制的。

（四）学科特征层面：档案学的学科特征是资政取向的根源

档案学以档案现象及其本质规律为研究对象，档案现象有一个重要特点就是档案的凭证性、证据性色彩很浓厚，这使档案成为历代统治者极为重视的国家财富。《周礼·秋官司寇》有言，"司民掌登万民之数，自生齿以上，皆书于版……登于天府，内史、司会、冢宰贰之，以赞王治"，档案本身就具有"赞王治"的资政功能，中国档案学是以这种资政功能很浓的事物为研究对象的，所以其研究成果具有浓厚的资政色彩也显得顺理成章。在中国档案学诞生时期，"中国档案学是一门产生于行政组织、服务于管理决策的理论"[①]，也就是说，中国档案学产生时期就以如何管理档案以更好地为行政决策服务为主要研究内容，这种辅助决策的行为是一种典型的资政行为，那时的许多档案学著作是一些档案管理经验的总结，更像是一些行政机关的工作报告，处处透着行政权力的色彩，资政特征特别明显。中华人民共和国成立后，档案工作被规定为必须为社会主义革命和建设服务，为发展科学文化服务，档案学以档案工作为研究对象，必然表现出明显的资政取向。中国档案学具有为政府行政管理服务的天然基因与一贯传统。

综上，中国档案学研究主体的资政取向是历史文化因素、现实体制因素、学人自身因素以及学科特征因素等综合作用的产物。这

---

① 胡鸿杰：《化腐朽为神奇——中国档案学评析》，上海世界图书出版公司，2010，第7页。

种资政取向存在很大的合理性，一味地批评这种资政取向不是实事求是的客观态度。显然，综合分析四种因素会发现，资政取向的合理性在很大程度上得益于档案学科的学科特征因素，也就是说档案学科是应用学科，不是纯理论思辨的人文学科，档案学科的真正价值就在于理论应用，理论应用的源泉来自档案的特殊功能——辅助决策。档案并不是"以知识的传播和积累为首要目的"①，它具有有别于其他载体的鲜明资政功能和取向，中国档案学的资政取向来自档案的资政基因，如果否定了这种取向就动摇了档案学科存在的根基，最终只会导致学科的衰亡。

因此，要客观看待档案学研究主体向档案行政力量靠拢的现象，不能认为学人向政治行政实践靠拢一定是主体意识的丧失，对于这种情况要区别看待，对于那些按照自身研究逻辑进行理论探索，同时对政治行政实践抱有现实关怀的研究主体应该给予充分肯定，因为"具有社会性、意识性的主体——档案学家不能无视社会历史而导致价值观念的扭曲"②，而且档案学研究对象的政治行政个性也使得研究主体不可能脱离政治行政而纯粹搞理论思辨，"现在的档案学研究仍然需要克服和防止极'左'的僵化思想，又要警惕被这'左'的反拨弹入脱离社会主义政治的迷途"③，从这个意义上说，中国档案学研究主体的资政取向是对现实政治行政的合理观照，这不代表主体性的丧失，而是一种更广泛意义上的主体意识的恪守。学界真正应该反对的是受"左"的思想以及学术行政化影响产生的学人政治跟风现象，这是一种伪"资政"取向，它以国家政治行政热点为唯一研究导向，盲目跟风，追求成果的短平快，只

① 胡鸿杰：《化腐朽为神奇——中国档案学评析》，上海世界图书出版公司，2010，第156～157页。
② 和宝荣：《从几个"热点"谈谈档案学研究的方向与方法》，《档案与建设》1990年第1期。
③ 和宝荣：《从几个"热点"谈谈档案学研究的方向与方法》，《档案与建设》1990年第1期。

求数量不管质量，这是一种彻底丧失主体性的表现，这种取向才是学界真正应该批评和抵制的。

三 政治行政跟风取向的危害

中国档案学研究主体政治行政跟风取向存在很大的危害，主要表现为以下三个方面。

（一）研究主体独立性受损

学术研究要求学术共同体恪守学术道德，加强学术自律，追求研究选题的独立性、严谨性和创新性，只有如此，学科才能在扎实的学术积累中不断取得突破性进展，从而推动学科向前发展。但如果学术共同体中大量学者不能静下心来按照科学规律选题和钻研，而是盲目跟风，那么这对学科的侵蚀是极为严重的，它使档案学研究主体的独立性严重受损。这种行为不是按照学科发展规律进行的自主选题，而是一种放弃主观能动性、在外界政治行政环境干扰下的跟风研究，一般来说，方针政策都有一定实效性，跟风研究国家政治行政政策，只会产生大量短时性的理论成果，其结果就是大量学术泡沫的涌现，学术界看似一派繁荣景象，实则充斥着许多短平快、假大空的研究成果，档案学人最终成为行政界的附庸，整个学科的创见锐减，这对档案学界来说无疑是一场灾难。

（二）研究主体尊严受损

档案学人积极跟风论证政治行政部门的热点问题并不会为档案学人带来赞誉，结果可能适得其反，会使档案学人尊严受损。因为方针政策一般都是经过大量论证和实践检验的，档案学人再次对这些政策进行解读和注释很可能带有附和的倾向，对于学术研究的贡献不大，只会为行政界所不齿；而且与制定档案方针政策的行政界比起来，学界的研究者在很多时候其实并不了解我国档案工作的真实情况，也不清楚所阐述问题干系人的期望和要求，在没有充分调研和论证的情况下，就盲目提出一些明显带有很强主观性色彩的对策和建议，结果可想而知，这些建议或者对策并不会得到行政界的认可，甚至可能为他们所不屑一顾。无论哪种情况出现，对档案学人学术尊严都是一种极大的损害。

（三）研究主体科研视角变窄

档案学科研视角是十分广泛的，但政治行政界所关注的档案问题确是有限的，他们可能只会按照国家政治、经济、文化发展的现实政策和要求，提出一些他们认为可能需要解决的问题，如果档案学界大量学者将主要精力用在关注国家行政机构所关注的领域，投入大量时间和精力进行政策解读、注释、补充或者提出对策建议，那么势必相应减少了对学科其他领域的关注，"档案学对档案事业和国家政策存在着过度的依赖，这使得平民化、社会化的研究理念不够完善"[1]，可见，学界如果对政府政策进行过度解读和依赖，容易使其忽视对学科自身发展规律的探讨以及学科自身理论体系的建构和改革，而且盲目的行政跟风并不能提升自己的理论层次，这对于学界无疑是巨大的资源和时间浪费。

四 资政取向的完善

学人的资政取向有着几千年的历史传统，这种入世取向无可厚非，再加上档案学科的研究对象——档案的资政辅政功能，更使档案学的资政取向显得合情合理。因此，中国档案学研究主体的资政取向是一种合理的价值诉求，应该给予充分肯定。中国档案学界应当倡导合乎理论研究规律的理性资政，反对跟风式的盲目"资政"。为了避免盲目"资政"取向的出现，中国档案学研究主体的资政取

---

[1] 高大伟：《档案学研究中的政治话语初探》，《档案学通讯》2013年第5期。

向需要进一步完善。通过分析中国档案学资政取向的成因可知，资政取向与档案学人自身以及外部研究环境都存在密切关联。因此，可以从内在取向与外在环境两个方面入手，来进一步完善中国档案学研究主体的资政取向。

（一）内在取向完善

理性资政。资政取向也存在理性和盲目之别，学界应当倡导理性资政，也就是按照学科的内在逻辑规律进行理性研究，注重理论的内在养成与外在应用相结合，反对盲目"资政"，即盲目跟风，追随政策研究热点，进行拍马式的追捧、解读、注释或补充，提出一些不切实际、空洞无物的所谓对策和建议。

理性资政应做到三点。一是在充分调研和论证的基础上开展资政研究。缺乏对档案管理实践的深刻体会和感悟，缺乏对档案管理实践相关者利益诉求的了解和关注，这是档案学人开展资政研究的最大缺陷和弱点。这种弱点对于档案学人不是不可逾越的鸿沟，档案学人应该努力发挥主观能动性，深入档案管理实践一线开展调查研究工作，了解相关方的利益诉求，通过采集和积累各种感性材料，为开展理性资政研究奠定良好的实践基础。如此，研究成果才会更有针对性和说服力，也更容易得到行政界的认可、重视和采纳。二是要有实践和理论批判性。理性资政反对对国家政策溜须拍马，这对档案学理论毫无建树，对学科尊严是莫大的伤害。理性资政必须以国家民族的利益为出发点，以档案管理的高效和科学发展为目标，用批判性的眼光审视和评价国家政策，找出其中的不合理之处，提出建设性的意见和建议，这样才会赢得行政界的认可和尊重。对国家政策进行批判并非易事，因为国家政策大多经过理论论证和实践检验，基本上是行得通的正确决策。但方针政策并非尽善尽美，其在施行过程中很可能会存在这样那样的问题，这就需要理论界通过大量的调查论证，凭借自己的智慧和理论素养发现问题，提出解决之道，这对于提高档案学的学科地位，提升档案学人的学术尊严意义重大。三是注重资政的方式。档案学人在资政过程中，既不能盲目溜须拍马，为政策做注脚，也不可怒目圆睁，直接干预行政行为，对国家政策指手画脚，一副势不两立之势，而应当注重资政的方式，"理论只能以理论的方式去参与"①，学界资政的方式只能是通过深入调查研究，在总结感性实践经验的基础上，针对实际问题，提出可行性的解决方式和策略，得出更加符合实际的指导性理论，从而为行政机构提供参考和借鉴。

（二）外在环境完善

（1）清理"左"的思想影响。"左"的思想遗毒是很深刻的，它使学界对政治行政界存有很大的敬畏和盲目崇拜心理，生怕自己的研究与国家政策有出入，积极主动地为国家政策做注解和补充，这是导致档案学界盲目"资政"取向的重要因素。因此，必须彻底清理"左"的思想在档案学界的遗毒，推行百花齐放、百家争鸣的方针。

（2）学术管理体制改革。国家高度重视学术和人才管理体制改革并已将其提上日程。2010 年，国务院出台《国家中长期人才发展规划纲要（2010—2020 年）》，要求治理人才管理中存在的行政化问题，规范人才评价，取消学校行政级别，探索建立理事会等治理结构，建设与现代大学制度相匹配的学术和人才管理制度。档案学界也应当进行学术管理体制改革，实现学术管理的去行政化，具体措施可以包括：档案学术团体、科研院所、高校等机构的去行政化，取消其行政级别；将档案学术刊物与行政机构进行剥离，实施转企改革，提倡学术期刊的自主独立办刊；取消学术评价中的行政管理模式，建立档案学术管理理事会，评价档案科研成果不以数量

---

① 陈永生：《档案学论衡》，中国档案出版社，1994，第 116 页。

为上，而注重学术质量等。这些措施对于遏制档案学界盲目"资政"倾向具有重要意义。

第三节 （行政）实践方法——中国档案学人的特色方法

学科研究方法是学科认识主体为获得真理而使用的某些工具和采取的某些研究手段的总和。档案学研究方法是档案学研究者为认识档案现象及其本质规律所采用的认识手段。目前档案学界一般把档案学研究方法分为三个层次：第一个层次是档案学研究的哲学方法，第二个层次是档案学研究的一般方法，第三个层次是档案学研究的专门方法。对于档案学研究方法的第一层次，有学者认为，档案学研究的哲学方法是指导性理性思维方法，"不直接对档案学研究本身起作用"[①]。对于档案学研究的第二层次——档案学研究的一般方法其实是从其他学科移植过来的，基本上是各个学科所共有的，类型多样，比如"观察方法、实验方法、调查方法、历史方法、科学抽象和逻辑思维方法、定量分析法、移植法、系统方法等"[②]。对于档案学研究的第三个层次，学界普遍认为，档案学界尚未形成自己的专门研究方法。

虽然档案学科没有形成自己的专门研究方法，但其研究方法却有很强的实践倾向，档案学研究使用最多的方法就是实践方法。从档案学应用最多的第二层次研究方法可以看出，其中的观察方法、实验方法、调查方法等都是实践方法的表现。学界已有学者认识到了实践方法的地位和意义，比如赵爱国认为，"档案学是一门应用型、实践

---

① 傅荣校：《我国档案学研究方法研究之述评》，《浙江档案》1997 年第 7 期。
② 徐漪地：《试论档案学研究方法论问题——对目前我国档案学研究方法的分析》，《档案学通讯》1993 年第 5 期。

性很强的学科，档案学研究方法应该比一般社会学科的研究方法有更强的客观性和实践性，使研究成果有更强的规范性和可操作性"①。罗力认为，"学界关于档案学方法的研究重点应该集中在专门方法的研究上，尤其是档案实践方法的研究上，这样才有利于更好地认识现实和改造现实"②。

一　（行政）实践方法的表现

实践方法虽然不算中国档案学研究的专门方法，但中国档案学研究的实践方法却具有自己的特色，这种特色体现为实践方法与行政存在密切关联，这要从档案工作实践与档案行政实践的关系说起。

中国档案学是一门实践性很强的应用学科，档案工作实践是档案学理论研究的基础和动力，"不仅决定了档案学理论研究的对象和内容，而且决定了档案学理论研究的层次和水平"③。档案工作实践的组成部分非常广泛，吴宝康认为，社会主义国家档案事业是我国档案学实现飞跃的实践基础，它"以文书档案、科技档案两大部类档案以及其他各种专门档案、新型档案为物质管理对象，以广大的机关、企业、事业单位档案室为基础，以各级各类档案馆及其所组成的国家档案馆网为主体，以档案专业教育、档案科学研究和宣传出版等为条件，以各级档案管理机构为领导、指导和监督中心"④。分析档案工作实践的构成，可以发现中国档案工作实践具有很强的行政特色，具体表现为以下几点。

（1）从档案门类来看，大多数档案是行政管理的工具和产物。文书档案、科技档案、专门档案三大门类档案中，文书档案是主体，而文书档案是行政管理的重要工具。

---

①　赵爱国：《试论档案学研究的学风、方法、文风》，《档案学通讯》1993 年第 1 期。

②　罗力：《档案学研究方法研究述评》，《档案与建设》1994 年第 6 期。

③　李财富：《中国档案学史论》，安徽大学出版社，2005，第 163 页。

④　吴宝康：《档案学建设的历史回顾与今后任务》，《档案学研究》1989 年第 3 期。

（2）从档案机构构成来看，档案机构的主体带有很强的行政色彩。我国档案机构包括档案局、档案馆、档案室等，其中档案局直接就是档案行政管理主体，负责所有同级档案机构的领导、指导和监督工作；而机关、企业、事业单位档案室只是所属单位的内部机构，处于从属地位；档案机构的主体是各级各类档案馆，尤其是综合档案馆占主流，在我国综合档案馆虽然是事业单位，但实行局馆合一的领导体制，依附于档案行政机关，参照公务员法管理，行政色彩浓厚，而专业档案馆很多情况下也要执行国家综合档案馆的规范标准。

（3）从档案工作实践的制度规范来看，其制定主体一般是档案行政机关。档案工作实践中，档案馆、档案室等机构所采用的一系列制度、法律、法规、行政规章、业务技术规范、标准等一般都是由档案行政机关制定颁布的。

综上可知，在我国，档案工作实践与档案行政实践存在密切关联，档案工作实践的主体就是档案行政实践，档案工作实践的行政色彩非常浓厚。高大伟认为，"档案学这门学科所面对的社会需求和立足的社会实践，首先并且主要是政治和行政"[1]，"整个档案学，是以组织为档案学中实践问题的基本空间，以管理为主要研究对象和任务，以制度为研究基点和导向的'制度档案学'"[2]。

既然档案行政实践是档案工作实践的主体，那么中国档案学研究的实践方法在很大程度上就带有了行政实践的色彩。为严谨起见，笔者将这种方法表述为（行政）实践方法。

中国档案学研究的（行政）实践方法具有自己的特色，这种特色主要表现在两个方面。第一，档案学理论研究中关注档案（行政）管理活动实际，追逐档案行政机构推出的政策、法规及其标

---

[1] 高大伟：《档案学的元问题及可能的形而上》，博士学位论文，中国人民大学，2011，第78~79页。

[2] 高大伟：《档案学的元问题及可能的形而上》，博士学位论文，中国人民大学，2011，第95页。

准，并以此作为理论研究的基点和导向，将档案（行政）管理实践的指导思想与方法上升为理论研究的指导思想与方法。第二，强调档案学理论与档案（行政）管理实践的协调性，以档案（行政）管理实践作为建构学科体系的重要标准之一，档案学学科内容与档案（行政）管理实践的内容存在很大的相似性。

中国档案学研究中采用（行政）实践方法的案例并不少见。

例如，国务院在 1956 年出台《关于加强国家档案工作的决定》，规定全面推行文书处理部门立卷，建立统一归档制度，这不仅是我国文书工作和档案工作的一项根本改革，而且它本身也是对我国档案学理论的创造性发展，在其推动下，档案学研究者对文书档案管理的相关理论与方法进行了深入的探讨，包括文书学的研究对象、文书处理工作的任务、文书立卷的方法、档案管理各环节的任务及关系等，这是（行政）实践方法的一个典型表现，即将档案（行政）管理实践的指导思想与方法上升为理论研究的指导思想与方法。

再如，2010 年，国家档案局杨冬权局长在全国档案安全体系建设工作会议上提出，要建立确保档案安全保密的档案安全体系，标志着我国档案工作"三个体系"建设理论与实践的正式形成与开展，所谓"三个体系"建设，即建立覆盖人民群众的档案资源体系、方便人民群众的档案利用体系、确保档案安全保密的档案安全体系。"三个体系"建设不仅是我国档案实践部门的任务和要求，而且也"丰富和发展了档案工作的理论体系"①，此后，学界对于"三个体系"从理论和实践上开展了广泛的解读和探讨，出现了大量的研究成果，中国知网文献数据库档案学科领域搜索篇名"三个体系"，得到 96 篇相关文献（具体来源数据库分布见表 1－3），甚至已有专门的硕士学位论文——《档案部门"三个体系"建设的理论与实践价值研究》对此问题进行专门探讨，这又是中国的档案

---

① 吴广平：《"三个体系"建设应避免的几种思想倾向》，《档案学研究》2010 年第 1 期。

学研究（行政）实践方法的一个缩影，即强调档案学理论与档案（行政）管理实践的协调性，以档案（行政）管理实践作为建构学科体系的重要标准之一。

表1-3 "三个体系"建设研究成果检索一览

单位：篇

来源 数据库	中国学术期刊 网络出版总库	特色 期刊	中国优秀硕士 论文数据库	中国重要会议 论文数据库	中国重要报纸 全文数据库
成果数目	69	4	2	10	11

二 （行政）实践方法的必要性与合理性

（行政）实践方法作为中国档案学研究的特色方法，体现了中国档案学人探索解决档案现实问题、关注国家社会发展形势、紧跟时代发展潮流的偏好，它的存在具有相当的必要性和合理性。

（一）理论必须来源并服务于实践

（1）理论来源于实践。毛泽东认为，世界上只有一种东西可以称得上真正的理论，那就是"从实践中得来并且经过实践检验是正确的东西"[①]。理论总是来源于实践的，档案工作实践是现代档案学建设与发展的信息源与思想源，档案工作实践既可以为档案学理论研究提供选题依据，也可以对档案学理论进行检验，档案学发展水平的高低，根本上取决于档案工作实践水平的高低，档案学要想揭示出档案工作实践的发展规律，必须深入档案工作的丰富实践，研究档案的管理理论与方法。吴宝康认为，"档案学的研究内容也就是全部档案工作的十分丰富的实践内容，并从中揭示出档案工作的规律来"[②]，"我们以马列主义、毛泽东思想为指导，紧密结合我国

---

① 《毛泽东选集》第3卷，人民出版社，1991，第817页。

② 吴宝康：《档案学理论与历史初探》，四川科学技术出版社，1986，第141页。

档案工作实际和历史，总结档案工作实际经验和历史经验，将感性认识上升为理性认识，并且将其应用于档案工作实践接受检验，最终成为用来指导档案工作实践的档案学理论"①。档案工作实践为档案学理论提供了"实验室"②，依赖于档案工作实践并采用实践方法进行理论研究是中国档案学自身的发展规律。

（2）理论应当服务于实践。整个中国档案事业包括档案实际工作、档案宣传出版工作、档案教育工作、档案理论研究工作等内容，中国档案事业的主体工作显然是档案实际工作，其他工作虽然都是档案事业实现现代化的必要条件和保证，但它们处于从属于档案实际工作的地位，都是为档案实际工作服务的。因此，档案学理论研究工作关注档案管理工作实际，深入档案工作实践开展调研，为档案工作实际部门出谋划策，十分合情合理。

（二）历史上我国档案学研究方法就具有鲜明的（行政）实践特色

在中国古代档案学思想孕育时期，档案学思想主要体现在史官的著述（言论）以及封建法规规章制度中，一般都是档案管理实践经验的总结，带有鲜明的（行政）实践色彩；民国时期，国民政府的"行政效率运动"是中国档案学产生的直接诱因，一批行政界官员为了强化政府机构和提高行政效率，在对行政机关文书档案工作改革实践经验进行总结的基础上，出版了一大批档案学理论著作，标志着中国档案学的正式诞生，其中许多著作带有鲜明的（行政）实践特色，如上海公务局《整理档案纪要》（1931年）直接就是档案管理经验的记录，周连宽《县政府档案处理法》（1935年）主要依托的是湖北武昌县政府文书档案工作改革的实际经验，而程长源

---

① 吴宝康：《档案学理论与历史初探》，四川科学技术出版社，1986，第130页。
② 颜祥林：《20世纪中国档案学三次发展高潮的成因剖析与启示》，《山西档案》2000年第6期。

的《县政府档案管理法》（1936 年）则是在对浙江兰溪县政府档案管理经验进行总结和分析的基础上写成的。行政界人士由于更加贴近和了解档案管理实际，再加上政治行政运动的需要，档案学理论便适应着这种需要迅速诞生和发展。

（三）脱离（行政）实践方法片面追求理论的拔高是不切实际的

学界有学者认为，中国档案学研究热点问题中的 80% 是应用领域的具体问题①，档案学基础理论研究力量不足，理论层次不高，档案学界大量的力量投入档案实践问题的研究是方向性错误。这种看法是站不住脚的，这是一种类似于"我太矮是因为我太胖"的错误逻辑，档案学理论层次不高只能怪基础理论研究不够，但责备应用理论研究太多则属于过分苛求。档案学作为一门实践性很强的学科，其根本目的就是解决档案工作的实际问题，因此采用实践方法帮助档案学研究主体把握和认知客体就显得尤为重要，脱离客体片面强调主体的能动性和主体意识是难以真正取得理论突破的。学界许多学者都持有此观点。吴宝康曾经多次强调，"档案学不是理论的学科，档案学终究是一门实践性很强的科学"②，对认为档案学是一门反思理论的科学持有慎重态度；和宝荣认为，档案学总的来说属于应用学科，虽然它也具有自己的理论知识，但是无论从宏观上还是微观上，档案学都具有强烈的实践性，"如果把档案学从应用型学科变成理论型学科，档案学就失去了自身的特点和它的全面功能，也很难设想它将是什么样的学科，以及它怎样具体指导档案工作实践"③；陈永生认为，不把主要精力放在现实问题的研究上而局

---

① 国家档案局档案干部教育中心：《回顾与展望——第五期全国档案班论文集》，中国档案出版社，1991，第 23 页。

② 吴宝康：《档案学理论与历史初探》，四川科学技术出版社，1986，第 125 页。

③ 和宝荣：《从几个"热点"谈谈档案学研究的方向与方法》，《档案与建设》1990 年第 1 期。

限于"象牙塔"里，这本身就意味着理论的堕落①。

三　（行政）实践方法应用不当的危害

中国档案学的（行政）实践方法是必要和合理的，但并非只要运用此方法进行档案学术研究，一切问题就迎刃而解了。事实表明，（行政）实践方法运用不当也存在很大的危害。

（一）不注意实践经验的理论提升，导致经验主义

（行政）实践方法是中国档案学研究的特色方法，它在中国古代档案学思想孕育时期就占有主导地位，中国古代档案工作发展迟缓，保管档案数量不多，利用需求也不旺盛，主要是皇家和官府的利用，档案工作者更多依赖于传统档案管理经验，各行其是，墨守成规，这些经验集中地反映在统治者所制定的有关文书档案工作的法规律令以及像章学诚这样的人物著作中，但这些成果并不注重档案管理经验的总结和提升，没有形成科学的理论体系。因此，中国古代档案学思想一直处于孕育时期，始终没有形成一门真正的学科。

到了近代，民国时期的"行政效率运动"直接导致中国档案学的诞生，许多行政界人士在文书档案改革运动中，注重总结、归纳和创新档案管理实践经验，实现了对于档案管理经验的突破，从而导致大量档案学理论著作的问世，虽然这一时期的理论著作经验性还很浓厚，但相比古代纯粹档案管理经验阶段已是一个巨大的飞跃。

再到现代，我国档案工作实践范围大大拓展，档案学者注重吸收苏联档案学成果和历史遗产，并与我国档案管理实际相结合，通过艰苦的理论总结和提升，档案学研究的理论层次有了很大飞跃。但即便如此，学界一些学者仍然认为，中华人民共和国成立后档案

---

① 陈永生：《档案学论衡》，中国档案出版社，1994，第 159 页。

学界存在一定程度的经验主义现象，中华人民共和国成立后 17 年的档案学是一个"实用经验系统"，理论研究过分依赖档案实际工作，这是（行政）实践方法的误用，它已不是纯粹的（行政）实践方法，而是退化为研究方法的经验主义，与理论思维方法相背离①。

（行政）实践方法虽然是档案学研究的有效方法，但其成功运用的关键在于对实践经验进行理论总结、概括和提升，将其转化为理性认识，从而实现档案学理论的突破。如果一直停留在（行政）实践经验的总结阶段，"中国档案学研究主体就会被大量实践经验所累，在沉重的枷锁下就事论事地处理问题，难以实现理论提升"②，结果便是（行政）实践方法退化为经验主义方法，低水平重复的研究成果大量出现。

（二）过度迷恋（行政）实践方法，导致学科理论结构失衡

档案学研究方法是一个多元化的方法论体系，包括（行政）实践方法、历史方法、科学抽象和逻辑思维方法、系统方法、移植方法等，虽然（行政）实践方法是档案学研究中最重要和最有特色的方法，但"实践对真理的检验不能完全代替档案学理论对自身的反思"③，（行政）实践方法不是档案学研究方法的全部，也不能否定其他研究方法的价值和贡献，比如历史方法对于中国档案学史和档案事业史的价值就尤为重要，科学抽象和逻辑思维方法对于档案学基础理论研究意义重大，移植方法对于跨学科研究很有帮助等。如果过度依赖（行政）实践方法，很可能导致应用理论研究的畸形发

---

① 王李苏、周毅：《回顾与展望——对我国档案学发展的历史考察》，《上海档案》1988 年第 6 期。

② 胡鸿杰：《化腐朽为神奇——中国档案学评析》，上海世界图书出版公司，2010，第 78~79 页。

③ 陈永生：《档案学论衡》，中国档案出版社，1994，第 26 页。

展，这对于学科的全面发展以及学科理论结构的合理布局无疑也是一种伤害，它会使基础理论研究受到倾轧，研究层次难以提升，使档案学研究缺乏理论的厚重与纵深的内涵，陈永生认为："如果我们的档案学研究不适时强化其学理性因素而一味去迁就和追求所谓'实用'，那才是真正的低水平。"①

（三）不分对象地采用（行政）实践方法是强人所难

在档案学研究主体中有一部分档案（行政）实践部门的研究者，他们更加贴近档案管理实际，在档案管理过程中总结感性经验并将其上升为理性认识，实现档案学理论的发展，这是合理的。但档案学研究主体中有很大一部分是高校档案理论工作者，他们的特点是远离档案（行政）管理实践，不具备档案（行政）管理的角色优势，对于（行政）实践感悟不深，大多通过对间接经验和知识的积累开展档案学研究。因此，这些人采用（行政）实践方法进行档案学研究存在不小的难度。

（1）（行政）实践方法要求理论研究者深入档案（行政）管理实践一线，进行档案管理程序和方法的具体调查和分析，实践性、可操作性要求非常高，这对档案学理论工作者来说显得有些过分苛刻。陈永生认为，"要求档案学理论去直接解决档案工作实践中的具体操作性问题，是强人所难"②。档案学理论工作者虽然应该关注档案（行政）管理实践，但不能盲目追随复制档案工作实践中的所有现象，这对于理论工作者来说是难以完成也没有必要完成的任务。

（2）档案学理论工作者完全采用（行政）实践方法存在很大障碍。因为档案（行政）实践工作者才真正处于档案管理实践的情

---

① 陈永生：《档案学论衡》，中国档案出版社，1994，第205页。
② 陈永生：《档案学论衡》，中国档案出版社，1994，第166页。

境中，他们才是采用（行政）实践方法进行理论探讨的最佳人选，也存在明显的角色优势和资源优势，通过（行政）实践方法将感性经验上升为理论成果，然后理论再回到实践中进行检验，实现理论的修正和升华。但对于档案学理论工作者来说，运用（行政）实践方法则存在巨大障碍，他们仅仅因为（行政）实践领域开展得火热就投入研究，但他们不具备所研究问题的角色优势、情景优势和资源优势。因此，其研究只会停留于一些概念的阐释和伪命题的论证，研究成果的水平可想而知，他们所采用的所谓（行政）实践方法反而是一种反实践的方法，其理论成果很容易成为脱离实践的学术泡沫。再加上（行政）实践部门存在一定程度上的关门主义的色彩，许多部门并不愿意配合支持理论工作者的学术研究，认为理论工作者的研究成果只是为了发表文章或者出版专著，并不会给他们的工作带来多少收益，接待理论工作者来访和调研是给他们的工作添麻烦，或者揭他们工作的伤疤，这无疑加大了理论工作者运用（行政）实践方法的难度。

四 （行政）实践方法的完善

中国档案学研究的（行政）实践方法是一种特色方法，它为中国档案学研究的发展做出了重要贡献，过去学界有些研究者对这种方法存在一些误解，从而产生了一些使用不当的现象，对学科发展造成了不利影响，比如经验主义、轻视理论思辨方法的运用、理论界存在应用难度等。为避免这些现象出现，有必要对（行政）实践方法进行修正和完善，可以从以下几点着手。

（一）以（行政）实践方法为基础，充分感悟实践

（行政）实践方法是中国档案学研究最重要的方法，档案学研究必须以此为基础，充分感悟实践，过去我国档案学研究虽然较多采用此种方法，取得了较多的理论突破，应用理论出现繁荣景象，

但并不能说应用理论水平就很高了，许多应用理论成果貌似很接地气，但是调研并不充分，理论概括性和深度并不强，对于档案管理实践的指导意义不够，研究成果的实用性有待提高。国外档案学研究成果的显著特点便是实用性很强，我国档案学研究成果的实用性并不强，这与（行政）实践方法的运用不力关系很大。

具体到各学科上来说，研究档案管理学就应该经常到档案馆（室）进行调查研究，发现问题并进行分析、论证和检验；研究档案保护技术学，也应该经常到各大档案馆（室）进行实地考察、采访和实验，了解最新技术运用情况以及存在的问题，这样才能对症下药，把握学术前沿；研究档案文献编纂学也需要到各大档案馆（室）调研档案文献编研情况，甚至直接参与档案文献编纂工作，及时发现存在的问题以及吸取有利的经验，这样才能与时俱进，取得档案文献编纂理论的突破；研究文书学也应当经常到机关进行调研，及时了解文书运行工作中的一些问题或者文书工作者的感想，这样才能及时掌握最新情况，对文书工作理论提出新的改进和提升。总之，（行政）实践方法是中国档案学研究的基础方法，任何时候都不能丢掉这个方法，这是档案学维系学科发展的生命线所在。

（二）在（行政）实践方法的基础上，注重其他研究方法的运用

过度依赖（行政）实践方法而不注重理论的升华容易导致研究方法的经验主义，因此，在坚持（行政）实践方法的同时应该注重档案学其他研究方法的运用，比如历史方法、科学抽象和逻辑思维方法、系统方法、移植方法、定量分析法等，尤其要注重科学抽象和逻辑思维方法的运用，如此才能将感性认识尽快上升为理性认识，实现理论的突破和提升，提高中国档案学基础理论的研究层次。

档案学研究的（行政）实践方法、历史方法、科学抽象和逻辑思维方法、移植方法等并不是孤立的，而是相互交叉渗透的，比如科学抽象和逻辑思维方法也不能完全离开实践方法和历史方法，任何肯定某一种方法、否定另一种方法的认识都是错误的，它们都为档案学理论研究做出了贡献。

中国档案学是一个丰富的学科体系，不同学科对于档案学研究方法的要求也不一样，比如档案管理学这门学科对（行政）实践方法的要求就很高，而档案事业史和档案学史对历史方法的运用要求更高，档案学概论对科学抽象与理论思辨的要求较高。因此，必须实事求是地采用合适的档案学研究方法开展不同分支学科的具体研究。

（三）研究主体的分工与交流

档案学研究方法的使用主体不存在严格界限，（行政）实践部门的研究人员以及高校理论界的研究人员既可以采用（行政）实践方法，也可以采用历史方法，既可以采用科学抽象和逻辑思维方法，也可以采用移植方法。但总体上来看，档案学研究主体对研究方法的采用还是存在一定倾向性的，这种倾向性体现在：（行政）实践部门的研究人员倾向于采用（行政）实践方法，而高校教师研究主体倾向于采用科学抽象和逻辑思维方法、历史方法等。

以档案学界两大代表性期刊《档案学通讯》和《中国档案》为例，《档案学通讯》由中国人民大学主办，发表的学术文章学术性色彩较为浓厚，研究方法中科学抽象和逻辑思维方法较为多见，中国知网学术期刊数据库搜索 2013 年所有文章，其作者机构排名前十位名单如下：中国人民大学（24 篇）、上海大学（11 篇）、山东大学（8 篇）、安徽大学（6 篇）、南京大学（6 篇）、上海师范大学（5 篇）、南昌大学（5 篇）、湘潭大学（5 篇）、云南大学（4 篇）、福建师范大学（4 篇）。可见，排名前十的机构全是高校，无一来自档案（行政）实践部门。《中国档案》由国家档案局主办，发表的学术文章（行政）实践色彩较为浓厚，以（行政）实践方法为主，中国知网学术期刊数据库搜索 2013 年所有文章，其作者机构排名前十位的名单如下：国家档案局（20 篇）、中国第二历史档案馆（14 篇）、中国人民大学（8 篇）、国家档案局档案科学技术研究所（7 篇）、四川省档案局（7 篇）、江苏省档案局（6 篇）、上海市档案局（6 篇）、湖北省档案局（6 篇）、上海大学（5 篇）、北京市档案局（5 篇）。排名前十名的机构有 8 家是档案（行政）实践部门。

　　研究主体的不同方法倾向对学科研究方法的综合运用是不利的，对于档案学理论研究的更快发展和突破也是一种障碍。因此，应当加强档案（行政）实践部门和高校理论工作者的交流，打破研究方法的运用阻力，使各类研究方法在档案学研究主体之间运用自如，如此才能使档案学术水平得到更快更好的提升。

　　（1）高校理论工作者主动向（行政）实践部门靠拢，加强学术研究中（行政）实践方法的运用。毛泽东曾说："有书本知识的人要向实际方向发展。"[①] 我国高校档案学理论研究者具有较高的理论水平，但缺点在于缺乏实践经验，因此，应该积极到实践部门进行调查研究，深刻感悟实践，在理论研究中加强（行政）实践方法的运用，同时注意感性认识的抽象和升华，这样的理论成果才会更加有血有肉，让人信服。当然，高校档案学理论研究者向（行政）实践部门靠拢不一定必须亲自实践，可以通过调查研究、观察实验等方法对实际问题进行充分感悟和把握，从而实现理论研究的更快突破和创新。

　　（2）（行政）实践部门放弃关门主义，为高校理论工作者开展调查研究提供便利。（行政）实践部门对于理论研究者的关门主义是自私自利的表现，应该敞开大门，欢迎理论研究者来本机

---

① 《毛泽东选集》第 3 卷，人民出版社，1991，第 818 页。

构调研，并为其提供便利，正视本机构存在的问题，并与理论研究者共同合作，调研和解决实践中存在的问题，实现实践和理论的双赢。比如，可以向高校理论研究者提供或者寄送有关业务的会议文件、内部简报、领导批示、讲话、报告等；与高校合作建立档案调研实践基地，欢迎理论工作者来开展兼职、调研、实习等工作；实践部门的一些业务会议邀请理论界的人士参加和列席，积极征询理论人士的意见和建议；档案编研工作中邀请高校理论界人士参与等。

（3）（行政）实践部门的研究者应加强科学抽象与理论思辨方法、历史方法、移植方法等多种方法的综合运用。（行政）实践部门的研究者要坚持运用（行政）实践方法并且提高其运用质量和效益，充分感悟各种业务实践和技术实践，积累丰富的实践经验和数据。同时，实践部门的研究者不能被大量的实践经验所困住，要能够超脱于这些实践经验之外，具备独立思考和理论提升的能力，通过其他研究方法的运用将感性认识上升为理性认识，提高研究成果的理论性和指导性。

小　结

中国档案学研究主体具有明显的行政特色，这主要表现为角色结构的行政特色、资政取向以及（行政）实践方法三个方面，三者相辅相成、互相促进。其中，中国档案学研究主体的行政特色结构是资政取向和（行政）实践方法的基础，为两者提供了角色支撑；中国档案学研究主体的资政取向是行政特色结构和（行政）实践方法的目标，为两者提供了价值导向；而中国档案学研究主体的（行政）实践方法是行政特色结构和资政取向的工具，为两者提供了研究手段并指明了研究道路。三者的关联可以用图 1-1 来描绘。

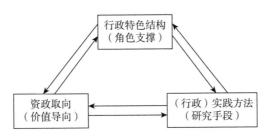

图 1-1　中国档案学研究主体的行政特色

中国档案学研究主体与政治行政具有深刻而紧密的关联，这种关联不能单纯地用政治与学术的关系来评判，因为两者之间由于关系太密切已经超越了简单的二元对立关系，两者其实是一种你中有我、我中有你的和谐共生共荣的关系。中国档案学的研究主体蕴含着政治行政的基因、流淌着政治行政的血液，具有为政治行政服务的传统。因此，用所谓学术独立与自由的大棍来棒喝中国档案学研究主体脱离政治行政是一种不尊重历史和事实的武断行为。

第二章 中国档案学研究对象的
权力建构

在现代技术文化中因为这些实际担心，明确的政治"谁"经常被削减为技术工具"如何"，那就是，政治道德问题被替换为非道德以及非政治的技术叙述，因此建立了一个仅仅被最初所理解的"元政治"。相反，档案活动比如收集、分类、保管是有可能成为明确的政治性的技术活动……技术活动总是政治的，至少是潜伏的或潜在的，即使它们不存在争议以及被明确政治化①。

档案工作者对他们对于记忆的权力的持续否认，不能仔细探究记录成为档案之前的许多深刻影响因素，以及档案馆利用者的持续假设——认为呈现在他们面前的档案是没有问题的，当权力被否定、忽略或者不被挑战，这些代表了资料室桌子两边的一种内容贫乏的训令，往好里说，这是误导，往坏里说，这是危机。被认可的权力应该成为能够被质疑、负责任、开放进行透明对话以及增进理解的权力②。

---

① Richard Harvey Brown and Beth Davis-Brown, "The Making of Memory: the Politics of Archives, Libraries and Museums in the Construction of National Consciousness," *History of the Human Sciences*, No. 11 (1998): 17 – 32.

② Joan M. Schwartz and Terry Cook, "Archives, Records, and Power: The Making of Modern Memory," *Archival Science*, No. 2 (2002): 1.

　　中国档案学的研究对象主要指的是档案现象，档案现象纷繁复杂、包罗万象，主要包括档案与档案事业两大部分，档案又可以进一步划分为文书档案、科技档案与专门档案三部分；档案事业包括档案工作（如档案业务与行政管理、档案教育、档案宣传、档案科研、档案国际交流与合作）、档案机构（如档案馆、档案室、档案局等）、档案法律法规等。矛盾论认为，分析问题应该善于抓住所分析对象的主要矛盾和矛盾的主要方面，也就是要善于抓住重点和主流，这样才能从纷繁复杂的表象中得出较为深刻的结论。综合分析中国档案学研究对象的主体和重点可知，档案的主体是文书档案，档案事业的主体是档案管理工作。吴宝康认为："一般说来，档案分为文书档案和科技档案两大部类。"[1] 显然，他已将专门档案包含在文书档案之中，鉴于科技档案及科技档案管理工作的特殊性，其受政治行政权力的影响相对较小，而且也不是档案现象的主体。因此，本章中所称档案主要指的是文书档案和专门档案，而有关科技档案的话题将在后文探讨。

第一节　权力的干预：档案工作客观中立性的挑战

一　对权力的界定

　　权力（power）是社会科学的基本概念，也是政治哲学的核心概念。自古至今，人类对于权力的解读可谓众说纷纭、莫衷一是。现将有关权力的代表性解读简介如下。

　　（1）能力、力量说。该学说在学界十分流行，代表人物如亚里士多德、洛克、卢梭、韦伯、布劳等，他们认为权力的核心要素是能力或力量，其显著特征是强制性。如德国著名社会学家马克斯·

---

① 吴宝康：《档案学理论与历史初探》，四川科学技术出版社，1986，第247页。

韦伯认为，"权力指的是社会关系中哪怕是遇到反对也能够贯彻自己意志的可能性"①。加尔布雷思在《权力的分析》中认为，权力的来源有三种——人格、财产、组织，相应地，他把权力分为应得权力（condign power）、报偿权力（compensation power）和制约权力（conditioned power）。托夫勒在《权力的转移》中把权力定义为"用暴力、财富（最广泛意义上的）、知识使人按一定方式行使"。

（2）结构说。以塔尔科特·帕森斯、吉登斯为代表，认为权力是一种结构的属性，是个人凭借其在产生权力的组织中所处的位置获得的。

（3）关系说。权力是社会生活中存在的一种制度化的支配性社会关系。《不列颠百科全书》中将权力描述为一个人或许多人的行为使另一个人或者许多其他人的行为发生改变的关系。

（4）人性说。以马基雅维利、霍布斯为代表，认为权力是满足人性欲求（利益诉求）的工具。

（5）网络关系说。这是后现代主义对权力的一种解读，以福柯为代表人物，他认为权力是一种流动和循环的关系，具有不确定性；认为权力是交错的网络，反对将权力关系看作统治阶级与被统治阶级的二元对立；认为权力分散于广大的社会机构中，比如学校、家庭、医院、社团等机构里都存在权力关系。

本书中所说的"权力"侧重"力量说"，特指政治权力。"政治权力是统治阶级通过国家暴力工具对被统治阶级进行强制服从的工具和手段"②。马克思主义经典作家认为政治权力即国家权力，"是一个阶级用来压迫另一个阶级的有组织的暴力"③。伯特兰·罗素认为，"权力的形态有很多，包括财富、军事力量、行政力量、

---

① 〔德〕马克斯·韦伯：《经济与社会》（上），林荣远译，商务印书馆，2004，第81页。
② 王爱东：《政治权力论》，河北大学出版社，2003，第14页。
③ 《马克思恩格斯选集》第1卷，人民出版社，1975，第170页。

舆论控制力量等"①。政治权力是各种权力的组合，主要包括意识形态权力、军事权力、法律权力和行政权力四部分，它们是"维护政治权力的四种不同的组织手段，具有广泛、深入、强制的特点"②。

二　权力对档案工作的干预及其特点

档案的本质属性是原始记录性，档案一直被认为是人类现存文献中最为客观、真实和中立的记录。档案也因其客观、真实的凭证价值而成为书写人类历史的基础，档案的权威性和法律效力也得到社会各行业的广泛认可。与此相随，档案工作是用科学的原则和方法管理档案，为各项事业服务的工作，由于档案客观中立的崇高地位，从外部来看，档案工作也被抬到了非常高的地位，档案工作者被认为是人类记忆的守护者，档案馆被称作社会的良心，权威和合法性成为档案工作的象征而不容置疑；从档案工作内部来看，档案工作者努力遵循档案的原始整理顺序，严格按照相关制度和标准进行档案的收集、整理、鉴定、保管以及提供利用工作，尽可能地维护档案的真实性、完整性与系统性。档案与档案工作客观中立的观念已经达成广泛共识并深入人心。但档案和档案工作的客观中立性真的如此无可置疑吗？事实上，现实中忽视了一个重要的影响因素，这个因素就是权力。

加拿大档案学者特里·库克（Terry Cook）和约翰·施瓦兹（Joan M. Schwartz）认为，"档案工作者倾向以中立的名义维持现状，这是档案行业的主要幻想……非档案工作者很少注意到记录如何在档案工作者的干预下进行选择和塑造，如何被给予特权或者边

---

① 〔英〕伯特兰·罗素：《权力论——新社会分析》，吴友三译，商务印书馆，2012，第4页。
② 孙关宏、胡雨春、任军锋：《政治学概论》（第2版），复旦大学出版社，2011，第43~45页。

缘化"①;"档案被制作者以及档案工作者进行了深厚干预,档案馆是权力、记忆和身份论争的地方"②。可见,权力对档案和档案馆的干预已经对档案和档案馆的客观中立地位带来了极大的挑战,而且这种干预呈现隐蔽性和合法性的特点。

(一)权力干预的隐蔽性。权力对档案及档案管理工作的干预具有很大的隐蔽性特点。审视档案的形成、管理与利用的整个过程,它们貌似都是一些有关技术、方法、流程的可操作性活动,实际上潜在的都是政治活动,权力以不为人知、不易察觉的方式对其进行了渗透、干预和塑造,特里·库克将其称作"一个看不到的幽灵"③,理查德·布朗(Richard Harvey Brown)也认为,"档案活动比如收集、分类、保管是有可能成为明确的政治性的技术活动……技术活动总是政治的,至少是潜伏的或潜在的,即使他们不存在争议以及被明确政治化"④。

(二)权力干预的合法性。权力对档案和档案管理工作的干预还表现出很强的合法性特点。权力具有强制和权威的特性,权力的权威性与档案的证据凭证性相结合,共同塑造了档案的权威与合法性,权力通过制定档案管理制度对档案的权威与合法性进行进一步规范和控制,这样就与社会对档案所期望的权威性、凭证性等价值观念相融合,从而呈现权力干预档案和档案管理工作的合法性面目。因此,社会公众对这种干预行为给予了较多的认可,再加上呈现在公众面前的档案工作看上去都是一些流程、方法和技术层面的

---

① Terry Cook and Joan M. Schwartz, "Archives, Records, and Power: From (Postmodern) Theory to (Archives) Performance," *Archival Science*, No. 2 (2002): 171.

② Joan M. Schwartz and Terry Cook, "Archives, Records, and Power: The Making of Modern Memory," *Archival Science*, No. 2 (2002): 1.

③ Terry Cook and Joan M. Schwartz, "Archives, Records, and Power: From (Postmodern) Theory to (Archives) Performance," *Archival Science*, No. 2 (2002): 171.

④ Richard Harvey Brown and Beth Davis-Brown, "The Making of Memory: the Politics of Archives, Libraries and Museums in the Construction of National Consciousness," *History of the Human Sciences*, No. 11 (1998): 17-32.

东西，权力的影子被隐去，公众对档案和档案工作的权威合法性更加深信不疑。

总之，档案和档案管理工作并不是完全客观中立的，而是从文件/档案的形成到档案的管理以及档案的利用都渗透着权力的影响，档案和档案管理工作与权力的关系密切而且深刻，两者是相互建构的关系。下面分别从档案的形成、管理与利用三个方面分析中国档案学研究对象与权力的互构关系。

第二节　权力与档案形成的相互建构

档案和图书经常被当作联系密切的事物放在一起讨论，一个重要原因就是两者都属于信息载体，但档案与图书却有着本质的差异，档案的特别之处在于它有着无可替代的原始记录性和凭证价值，而图书的原始记录性和凭证性价值则比较微弱。档案的这种证据特色使其天然地与权力发生了关联，权力为了实现自己的利益诉求，凭借自身的权威性和强制性有目的地对档案的形成进行建构，反过来，档案也因其原始性和凭证性价值而建构和强化了权力。档案的形成与权力相互建构。

一　权力对档案的形成进行建构

胡鸿杰认为，由于社会发展呈现多元化的特点，社会记忆也随之呈现为一种层次构造，包括"由政治权力主体主控的记忆，由知识精英主导的记忆，以及以普通民众为主体的记忆三个层次，但是从社会影响力来说，国家记忆具有绝对优势"①。因此，学界关注各种载体和文本的社会记忆比重的同时，更应该关注这些载体和文本的建构—管理过程，因为任何文本的形成主体都存在一种主体诉求，

---

① 胡鸿杰：《一千零一议》，http://blog.sina.com.cn/s/blog_54b75c03010145lz.html。

而要实现这种诉求必须具备一定的影响力,这种"主体诉求和影响力"① 实际上就是权力,权力深刻建构了社会记忆的内容和方式。

文件/档案正是社会记忆的重要文本和载体,权力对文件/档案的建构与干预早在文件形成阶段就开始了,"我们有时忽略了档案制作行为的意义,档案制作行为比这种行为产生的档案更为重要和有意义"②。文件通过归档的形式转化为档案,无论文件还是档案,在很大程度上都是政治行政权力运行的产物和工具,两者都是在社会实践活动中直接形成的具有清晰、确定信息的原始记录,貌似两者作为原始记录与客观性、真实性密切相关,但事实上,文件/档案的主要来源、存在类别以及实体内容都受到权力的深刻控制、干预或左右。

(一) 政治行政活动是文件/档案的主要来源

从档案的定义看,档案是"政治、经济、社会组织或个人在公私事务或者科技活动中直接形成的具有保存价值的各种类型的原始记录材料"③。档案形成的主体包括政治组织、经济组织、社会组织、个人,最重要的主体当然是政治组织,档案的形成活动包括公务、私务以及科学技术活动,显然最主要的形成来源是公务活动。也就是说,档案主要是政治行政组织在公务活动中形成的。

从历史上看,政治行政活动更是文件/档案的主要来源。人类书写的产生与阶级有着密切关联,在由奴隶主和奴隶组成的奴隶社会中,书写最先被用在财产记录、人口普查以及法律敕令中。人类的记录首先与权力密切联系,"档案和档案馆库是阶级社会的产

---

① 胡鸿杰:《一千零一议》,http://blog. sina. com. cn/s/blog_54b75c030101498n. html。

② James M. O'Toole, "Cortes's Notary: The Symbolic Power of Records," *Archival Science*, No. 2 (2002): 45 - 61.

③ 吴宝康:《档案学理论与历史初探》,四川科学技术出版社,1986,第315页。

物"①，它代表着一些人对另一些人或物的统治权力，"它们反映了一种直接的权力关系"②；封建社会生产力落后，科技不发达，档案大多是有关帝王将相政务活动以及起居饮食方面的文书档案（包括专门档案），比如政令上传下达的公文档案、审判案件的诉讼档案、战争过程中的盟誓档案、控制人口的户籍档案以及皇帝的实录、圣训、起居注等，科技档案则处在极为边缘化的位置；到了民国时期，虽然科技档案在增多，但学界对档案的认知和定义还是主要集中在文书档案方面，如殷钟麒认为，"档案是用来保存备查的公务文件的汇集，包括机关行政记录、政治史料等，无论文件附件，凡有公证意义之事物，皆须搜集保存以为档案"③；到了现代社会，随着社会生产活动的发展，科技档案大量涌现，但文书档案（包括专门档案）作为政治行政活动的产物依然是档案的主体，强大的官僚机构触及了公民生活的方方面面，产生了大量的文书档案和专门档案，这些档案涵盖了财产、就业、民族、体育、协会、商业等方方面面，数以千计的政府机构不断地对这些活动进行记录，为行政管理机构及其官员服务，这些记录充当了政治/行政权力对国家事务进行强力管理和控制的工具。

总之，档案的主要来源是国家政治行政活动，其形成过程并不是自然公正的，而是负载着价值的权力的工具。

（二）权力的不同需要产生了不同类别和功能的文件/档案

文件/档案是政治行政权力运行的工具，其类型和功能并不是自然形成和随意变化的，而是取决于政治行政权力的需要。权力的不同需要产生了不同类别和功能的文件/档案，文件/档案的类型和

① 吴宝康：《档案学理论与历史初探》，四川科学技术出版社，1986，第115页。
② 〔美〕史蒂文·卢巴：《信息文化与档案》，张宁译，《山西档案》2000年第1期。
③ 《档案学通讯》杂志社：《档案学经典著作》第2卷，世界图书出版公司，2013，第688页。

功能必须服从和服务于政治行政组织的需要。使用最为广泛的文书档案就是适应政治行政活动的需要而产生的，它包含命令、指示、决定、请示、报告、批复、通知、简报、会议记录等形式，这些形式保证了政治行政管理活动的正常规范运作，实现了其提高行政效率、保证行政质量、最终维护组织利益和政治统治的功能。

随着国家社会的不断发展，权力也在不断适应新的形势进行自我调整和发展，这就要求通过相应的记录来确认和巩固这种需求，于是，适应权力新需求的一些新的类型和功能的档案就应运而生。比如外交档案、诉讼档案、会计档案、民生档案、行贿档案、道德档案、农民工档案、人事档案、民情档案、干部廉政档案、行政权力运行档案……可谓五花八门、包罗万象，这些不同种类的档案具有不同的功能，体现了权力的不同需求和要求，充当了权力运行的有力工具，有效维护了权力的权威和顺畅运行。现以人事档案和民情档案为例来分析权力需求对于档案类型和功能的决定作用。

1. 信任政治的产物——人事档案

人事档案是组织人事部门在人事管理活动中直接形成的，用来记录一个人经历、品德、才能等信息，并且以个人为单位进行整理和保存的原始记录材料①。人事档案是为人事管理服务的，它是反映一个人的经历、思想道德、工作表现等各方面情况的历史记录，其目的是保证组织能够持续和真实地掌握个人的关键信息，便于组织的管理和发展。

改革开放之后，随着市场经济体制改革和社会要素流动的加快，人事档案制度有所弱化，比如家庭出身、成分等名目被删除，一些组织鉴定意见也流于形式，一些人对于人事档案制度也开始熟

---

① 陈智为、邓绍兴、刘越男：《档案管理学》第 3 版，中国人民大学出版社，2008，第 425 页。

视无睹，出现了"弃档"现象，同时人事档案的可信度也受到越来越多的质疑，人事档案制度受到了一些挑战。但人事档案制度并没有因为受到这些挑战而彻底失效，其许多形式和功能仍然被保留并延续至今，比如单位人在晋升、入党、工作变动、作风考核、政审等工作中仍然需要组织部门对其个人档案信息和隐私材料进行考察和审核，虽然这种控制有所弱化，形式也不断简化，但是政治行政权力通过人事档案制度对个人的监视和控制仍然在场。

2. 群众路线制度化的载体——民情档案

近年来，中国基层政府政治信任出现了某种程度上的恶化。浙江衢州基层政府为了改善这一状况，通过制度创新推出了"民情档案"制度，该制度于 2007 年由衢州柯城区汪村乡党委、政府首创，其主要内容就是乡镇干部进村入户调查乡村社会的基本情况，按照"一村一册、一户一页、一事一表"的要求建立"民情档案"，涵盖村情、民情、民意和督察记录四个方面。

一方面，"民情档案"制度为党政决策者提供了重要的民情信息，提高了办事效率，节约了行政成本；另一方面，"民情档案"密切了党群干群关系，极大地重塑了农民对基层政权的政治信任，起到了巩固基层政权合法性的作用，有力推动了基层民主政治建设。黄俊尧、张建光认为，"民情档案"内涵的政治逻辑就是执政党"群众路线"制度化的载体，它是"将社会信任转换为政治信任的重要机制"[①]。

（三）权力深刻干预文件/档案实体的内容

权力对文件/档案的内容干预是显而易见的，权力主要通过以下几种方式干预文件/档案的实体内容：权力干预文件的内容，权

---

① 黄俊尧、张建光：《"民情档案"、群众路线与社会资本——重塑政治信任的一项地方实践》，《浙江学刊》2012 年第 3 期。

力干预文件的归档。

（1）权力干预文件的内容。既然政治行政活动是文件/档案的主要来源，而且权力的不同要求产生了不同类别和功能的文件/档案，那么权力机构也必然要对文件的内容按照自己的需求进行干预和塑造，以此来决定哪些内容以怎样的形式和方式被记录在文件中，甚至为了本部门或者行政者的自身利益，不惜编造虚假文件。兰德尔·吉默森说，"从某种意义上讲，历史是由统治者创造的"[①]。

（2）权力干预文件的归档。文件的现行使命完成后，接下来就是归档阶段，即组织机构通过归档鉴定将有价值的文件作为档案留存，而无价值的文件则被保存一段时间后剔除销毁。在文件归档阶段，权力的干预也潜在地介入进来，即权力通过积极干预和审查，将对自己有利的文件归档保存，将对自己不利的文件（如有关被压迫群体或者边缘化群体的文件）剔除销毁，这在很大程度上影响到了社会记忆的形成。特里·库克曾说："历史的诠释行为并非发生在史学家打开档案盒的那一刻，而是发生在档案工作者装盒的时候"[②]。由于我国实行文书处理部门立卷归档的制度，因此，确切地说，历史诠释行为不是发生在档案工作者装盒的时刻，而是发生在文书工作者装盒的时刻，而文书工作者当然是政治行政权力的代表。

二 档案的形成对权力进行建构

权力对档案的形成进行建构是显而易见的，但权力与档案形成的关系是相互的，史蒂文·卢巴认为："档案是与权力一样积极主

---

① 〔美〕兰德尔·吉默森：《掌握好档案赋予我们的权力》，马春兰译，《档案》2007年第3期。

② 〔加〕特里·库克：《铭记未来——档案在建构社会记忆中的作用》，李音译，《档案学通讯》2002年第2期。

动的东西，而不是权力的被动记录。"① 档案的形成反过来也建构权力，两者是相互建构的关系。档案的形成对权力进行建构主要表现在三个方面：档案的形成产生和确认权力，保障和加强权力，监督和控制权力。

（一）档案的形成产生和确认权力

从档案词源可以看出它与权力的密切关系，档案词源来自古希腊词语"arche"，意思是权力或者政府，也就是说档案本身就意味着权力。史蒂文·卢巴认为："权力发源于档案……档案形成是权力产生的标志。"② 档案往往是权力的源头，权力通过档案被记录和确认，没有被记载的权力是不被认可的。比如清宫王位继承中的秘密立储制度，乾清宫"正大光明"匾后面的诏书决定了谁将继承王位。再比如，官员的任命书是对行政权力授权的确认，地方官上任都要通过任命书或者委任状来作为权力认可和交接的依据。

（二）档案的形成保障和加强权力

拉图尔说："小人物加上一份完备的地图就诞生了大人物。"③ 档案的形成除了产生和确认权力以外，还通过它的原始凭证性和权威合法性来保障和加强权力，充当维护国家权力的工具。档案是权力的来源，是权力权威性和合法性的基础，档案之所以可以保障和加强权力的合法性和权威性，是因为其自身的来源和形成过程的权威性和合法性。档案是在社会实践活动中直接形成的原始记录材料，被公众所广泛认可，具备了合法性和权威性的特质，国家权力正好可以利用这种特质把档案用作维护和加强其权威和合法地位的

---

① 〔美〕史蒂文·卢巴：《信息文化与档案》，张宁译，《山西档案》2000 年第 1 期。
② 〔美〕史蒂文·卢巴：《信息文化与档案》，张宁译，《山西档案》2000 年第 1 期。
③ 〔美〕史蒂文·卢巴：《信息文化与档案》，张宁译，《山西档案》2000 年第 1 期。

工具，因此，两者天然地结合在了一起。国家权力甚至为了维护自身统治，不惜通过篡改文件/档案来证明权力的合法性和权威性，这种现象在改朝换代以及异族统治时期屡见不鲜。

（三）档案的形成监督和控制权力

档案的形成既可以保障和加强权力，同时也可以监督和控制权力，"公共以及私人组织依赖创建和保存档案来达到纪律以及监督权力。"① 德里达写道："档案工作（包含档案的构成和解释）的参与度和档案的利用度可以在很大程度上反映民主的实际效力。"② 早在古希腊城邦时期，城邦内部组织管理的纪律以及权力的规范和监督都是通过文件/档案的形成与维护来实现的。古代统治者将档案视为国家的胸甲和灵魂，将档案珍藏于石室金匮中秘不示人，目的就是通过档案监督和控制权力。反过来讲，失去了对档案的控制也就意味着失去了政治权力。战争中入侵一方对另一方的占领除了领土、财富、人口等资源外，必然包括对其档案的争夺，甚至对档案的占有和控制才真正意味着权力的转移。比如刘邦入咸阳，诸将都忙着抢夺金帛财物，而萧何却去抢收丞相御史的律令档案，后来楚汉相争，刘邦因为控制了大量档案而对天下政治形势和资源了如指掌，占尽先机。

三 权力与档案形成相互建构的启示

权力与档案形成相互建构给档案界带来了许多重要启示。

（1）应辩证地看待档案的客观中立性。档案并非社会公众所广泛认可的那样中立和客观，事实上，档案在形成过程中受到了权力

---

① Eric Ketelaar, "Archival Archival Temples, Archival Prison: Modes of Power and Protection," *Archival Science*, No. 2 (2002): 226.

② Jacques Derrida, *Archive Fever: A Freudian Impression* (Chicago: University of Chicago Press, 1996), p. 4.

的干预、控制和建构，在权力建构下形成的档案反过来又进一步巩固、维护和建构了权力。

（2）权力运行应该阳光化。权力运行应该受到法律以及有关机构的监督和制约，阳光是最好的防腐剂，公开透明的权力运作机制才能产生更加公正、客观、中立的文件，才能最大限度地避免或减少文件的造假和篡改。通过法治体系和监督体制的保障，文件/档案形成的政治机制才能得到有效合理的规制。文件内容是如何制定的？文件归档是按照什么标准执行的？具体负责人是谁？这一系列程序都应该被公开以接受法律和公众的监督和制约。如此，公众对于文件/档案的信任才会得以重建，从而促进政府的善治。

（3）权力主体和档案形成主体的多元化。权力之所以经常不受约束而按照自己的意愿对文件和档案进行建构，一个重要原因就在于传统权力过去强大和单一，它可以无视其他组织和群体的存在而我行我素，调动一切资源为自己服务，这样就很难扭转权力对档案的独断与控制。因此，要想制约权力，除了推动权力公开透明和法治化以外，还应该壮大其他社会力量来监督制衡权力，参与档案的形成与社会记忆的建构。为此，应当发动更多的社会主体包括那些以往被权力边缘化的群体参与到档案的形成与社会记忆的建构中来，各种力量应该加强合作，积极创建属于自己的记录体系，与传统权力的记录体系抗衡。比如近年来随着社交媒体的兴起和私权的壮大，公民开始积极记录自己的声音，建构属于自己的社会记忆，这就大大扩展了档案的形成来源，使其从过去的单一权力来源扩展到整个社会直至公民个人，从而大大提高了档案作为社会记忆的多元性与完整性，对传统权力垄断档案和社会记忆的建构起到了很好的消解作用。

第三节　权力与档案管理的相互建构

文件经过归档环节，具有保存价值的被留存下来成为档案，从此便开始了档案管理工作。档案管理工作包括档案收集、整理、鉴定、保管等一系列紧密联系的环节。在这个过程中，档案工作者努力遵循来源原则和全宗理论对档案进行序化整理，并按照文件生命周期理论对档案进行全程跟踪管理和规范化控制，力求维护档案的真实性、客观性和完整性。这些貌似合情合理、理所当然的程序背后，一只无形的手始终在发挥着作用，如影随形，并且在关键时刻还起着决定性作用，它便是权力。权力为了维护自身利益对档案管理程序进行持续的建构，反过来，档案管理的一系列程序也在不断地建构权力。权力与档案管理相互建构。

一　权力对档案管理进行建构

档案管理纯粹是一项技术活动吗？档案管理纯粹是一系列流程与方法的集合吗？答案是否定的。道格拉斯·布斯（Douglas Booth）认为："档案馆是权力的处所。"[1] 吴宝康认为："应该实事求是地承认档案工作的政治性和科学性……应注意在充分肯定档案工作的科学性的同时，不要完全否认政治性和机要性的特点。"[2] 吴玉章认为："档案工作虽然有它的技术性，但它确是一项政治性很强的工作。"[3]（《档案工作》1959年第8期，第7页）谭远宏认为："档案工作是政治制度的产物……政治是我国档案工作的主体内容。"[4]

---

① Douglas Booth, "Sites of Truth or Metaphors of Power? Refiguring the Archive," *Sport in History*, No. 26 (2006): 91–109.
② 吴宝康:《档案学理论与历史初探》，四川科学技术出版社，1986，第354页。
③ 吴宝康:《档案学理论与历史初探》，四川科学技术出版社，1986，第102页。
④ 谭远宏:《政治制度与档案工作》,《湖南档案》1996年第2期。

档案管理实践是在阶级、国家产生后适应政治活动的需要而产生的，受到了政治权力的直接作用和影响，档案管理工作的内容和目的都从属于政治权力，档案管理工作表面上是一系列规则、程序、方法和技术的组合，但它们背后一直存在权力的身影，权力决定规则。权力对档案管理的建构可以分成宏观和微观两个层次。宏观层面，权力对档案管理的建构主要表现为权力建构档案管理体制、档案管理机构以及档案管理法规三个方面；微观层面，权力对档案管理的建构主要表现为权力建构档案收集、档案整理、档案鉴定以及档案保管，下面将做具体分析。

（一）权力对档案宏观管理的建构

档案宏观管理主要包括档案管理体制、管理机构以及管理法规等内容，权力对档案宏观管理的建构也鲜明地体现在了这些方面。

1. 权力建构档案管理体制

档案管理体制是档案管理机构的设置及其组织关系，包括档案行政管理机构之间的隶属以及管理权限划分。[①] 从世界范围来看，按照中央与地方的权属关系，档案管理体制可以分为集中式和分散式两种类型。分散式档案管理体制大多是联邦制国家，该档案管理体制中央与地方之间权力均等，无领导与隶属关系，要么中央不设立档案行政管理机构，而仅仅设立中央级档案馆，比如英国；要么虽在中央设立行政管理机构，但与地方档案机构没有隶属关系，比如美国。集中式档案管理体制的特点与分散式管理体制正好相反，即地方档案管理机构要接受中央档案管理机构的领导和监督。典型代表是中国，实行党政档案集中统一管理、各级政府机构设立档案行政部门分级管理全国档案事业。可见，档案管理体制与所在国家的政治权力结构密切相关，一般来说，联邦制的权力结构决定了分

---

① 冯惠玲、张辑哲：《档案学概论》，中国人民大学出版社，2006，第79页。

散式的档案管理体制，而单一制权力结构决定了集中式的档案管理体制。

2. 权力建构档案管理机构

档案管理机构和政治权力关系密切，在我国，权力对档案管理机构的建构可谓源远流长。从历史上来看，档案管理机构始终是国家官僚机构的组成部分，国家权力通过设立档案管理机构来为自身统治服务，并且呈现以下两个特点。

首先，权力的不同需求和变化催生了不同的档案管理机构。秦始皇统一全国后实行三公九卿制，设诸曹掾属、少府等职掌文书档案，西汉初期中央丞相府是收贮王朝重要档案的机关，东汉为尚书台，唐代三省为文书档案工作的最高管理机关，再到宋代的中书门下、金耀门文书库，明代的中央架阁库，清代的内阁、军机处等，这些机构虽然名称各异，但均具有档案管理的重要职能，对封建统治体制的正常运行起了重要保障作用。

其次，随着统治权力的不断加强，档案管理机构得到不断强化和完善。比如，汉初丞相权力很大，并且干涉文书档案工作，但武帝以后皇权上升，皇帝经常通过内廷少府保管文书的尚书亲自裁决政务，并且将其专门升格为尚书署，主官尚书令，这样原来隶属少府掌管图籍章奏的小官一跃成为宫中要职，成帝时尚书署权力进一步扩大，称尚书台，其办公处设于宫中，称"禁中"，到东汉时完全成为凌驾于所有职官之上的朝中小朝廷，成为裁断国政的重要部门，也是主管文书档案的中枢机构。再如，唐王朝为巩固自己的统治，特别注意人才的选拔及管理，档案工作方面主要表现为在三省中设立了专门保管人事档案的机构——甲库，并设有甲库令史，专门对甲库档案进行管理，官吏选拔和任用都要调阅甲库档案。再比如，公元1730年，雍正帝设立军机处，标志着中国专制主义中央集权达到顶峰，皇帝朝纲独揽，口含天宪，而此时的文书档案工作系统愈加健全严密。内阁"掌议天下之政，宣布丝纶，厘治宪典，总均衡之任，以赞上理庶务"①，同时兼管修史和存贮档案图书之职，下设办事机构众多：有典籍厅，负责收藏红本表章及各项图籍；满本房，负责管理内阁大库和皇史宬的收藏事宜；副本库，专门收藏题本副本的档案库；内阁大库，清中央最重要的档案库；皇史宬，原为明代收藏实录、圣训、玉牒的专用库房，清入关后把它作为清代实录、圣训、玉牒的贮存之地。军机处兼管的方略馆掌纂修方略，又是军机处档案的保管地，方略馆总裁由军机大臣兼任，其下提调、收掌、纂修等官，都有军机章京内派充。此外，中央各部院和各级官府内部各设档案工作机构，如清档房、档房。这样就形成了一个由中央到地方组织严密健全的档案机构体系，档案管理机构可谓完善之至。中华人民共和国成立后，全国范围的严密完整的档案管理机构体系被建立起来，包括机关档案室、各级各类档案馆、各级档案行政机关等，其中综合档案馆数量众多，是我国国家档案馆和档案事业的主体，它是统一保管党和政府机关档案的管理部门。历史上权力对档案管理机构的强大支配力量至今仍然存在，具体表现在我国综合档案馆虽然是法定的科学文化事业机构，但是档案馆的行政依附色彩依然较为浓厚，它既是党的机构，又是政府的机构，档案馆的工作人员虽是事业单位编制，但参照公务员法管理，依然是国家公务员的身份。这种现象的深层原因在于，权力更多地将档案馆定位为一个内部服务机构，"国家仍然在弱化档案馆成为一个独立机构的可能性"②。

3. 权力建构档案管理法规

伯特兰·罗素曾说："法律的终极权力是国家的强制权力。"③

---

① 参见《钦定大清会典》卷二，《内阁》。
② 孙洁：《档案馆工作者的职业权力功能分析——基于档案利用》，《档案学通讯》2014年第1期。
③ 〔英〕伯特兰·罗素：《权力论——新社会分析》，吴友三译，商务印书馆，2012，第28页。

马克斯·韦伯将支配权分为三种类型：第一种是传统的支配，也就是昔日的家族长制和世袭君主所实行的；第二种是"超凡魅力型"的支配，也就是不寻常的个人神宠；第三种就是依靠"法制"，以理性方式建立的规则为基础，法制的支配者是近代的"国家官吏"以及所有在这些方面同他类似的权力拥有者①。权力是法律法规的支配和建构主体，也是档案管理法律法规的支配和建构主体，国家通过制定档案管理法规来维护国家统治利益。

早在秦朝时期，受中央集权和法治文化的影响，有关文书档案管理工作方面的制度和规范就被建立起来；宋代封建专制主义中央集权高度发展，法制建设也受到高度重视，在档案集中、整理、保管、鉴定、销毁、利用等方面都建立了严格的法规制度进行规范；明清时期中央集权专制统治达到顶峰，档案法制更加完善和严密，涉及档案机构建设、档案移交、收集保管、保密等许多方面；中华人民共和国成立后，档案法制建设取得全面发展，1987年9月，国家最高权力机关常设机关——全国人民代表大会常务委员会通过了《中华人民共和国档案法》，标志着我国档案事业的建设与发展走上了法制化的轨道，经过多年发展，"我国现已基本形成以《中华人民共和国档案法》为核心，包含档案行政法规、行政规章、地方法规和管理办法在内的比较完整的档案法规体系"②，这些法律法规都是与我国社会性质、政治体制等相联系和适应的，都受到国家权力的制约、规定以及建构。

（二）权力对档案微观管理的建构

后现代主义兴起之后，国际档案学界积极借鉴后现代主义理

---

① 〔德〕马克斯·韦伯：《学术与政治：韦伯的两篇演说》，冯克利译，三联书店，2005，第56~57页。
② 李财富：《中国档案学史论》，安徽大学出版社，2005，第99页。

论，开始强调档案工作者和档案馆的重要作用，如特里·库克和约翰·施瓦兹认为档案工作者不是中立或者无私的，而是作为中介和解释者的中心角色，是把过去的档案传递给未来的重要塑造者，档案工作者是一个演员，不是守护者，是一个表演者，而不是一个保管人，"档案工作者在持续地重塑、重新解释以及重新改造档案"[1]；兰德尔·吉姆森（Randall C. Jimerson）认为："档案工作者在权力和控制竞争领域中扮演重要角色，是社会记忆建构的代理人，而不是被动的保管员。"[2] 道格拉斯·布斯认为："档案馆排除了下级组织的声音……一些文件被授予特权地位，一些文件被排除。"[3] 更有学者明确提出："档案工作者有一个产生社会紧张的重要角色，那就是什么应该被保存与销毁以及什么应该开放与关闭，既是为了现在，更重要的也是为了将来的一代。"[4]

　　档案工作者和档案馆通过履行法定职责来对档案进行管理，并在档案管理过程中具有强大的支配和控制权。然而，档案工作者和档案馆并不是为所欲为的，它们的背后还有政治权力的影响。从根本上说，档案工作者和档案馆对档案管理的影响和控制力实际上都是政治权力赋予的，受到政治权力的深刻建构和控制。国内外早有学者指出档案工作的微观过程受到了权力的干预和控制。比如张林华和蒙娜认为，权力对档案形成过程的干预，"动摇了档案馆和档案文本在重建过去中无可置疑的地位"[5]，Richard Harvey Brown 和

① Terry Cook and Joan M. Schwartz, "Archives, Records, and Power: From (Postmodern) Theory to (Archives) Performance," *Archival Science*, No. 2 (2002): 171.

② Randall C. Jimerson, *Archives Power: Memory, Accountability, and Social Justice* (Chicago: Society of American Archivists, 2009), p. 133.

③ Douglas Booth, "Sites of Truth or Metaphors of Power? Refiguring the Archive," *Sport in History*, No. 26 (2006): 91 – 109.

④ Sarah Tyacke, "Archives in a Wider World: The Culture and Politics of Archives," *Archivaria*, No. 52 (1997): 1 – 25.

⑤ 张林华、蒙娜：《权力因素在档案建构社会记忆中的消极作用及其应对策略》，《档案》2007 年第 5 期。

Beth Davis-Brown 认为，"档案工作者并不是不告诉事实的整个真相，而是他们不能告诉……档案工作者的日常实践被官僚形式和等级秩序的控制和规避所引导……档案微观管理过程具有意识形态或者政治维度，受到了权力的调度"①。

可见，权力对档案的微观管理过程进行了积极建构和干预，这种建构和干预主要是通过档案工作者强力执行和实施相关的档案管理制度和规范来实现的。在权力的积极干预和建构下，哪些档案被留存、以怎样的状态被留存、哪些档案被销毁等问题都被纳入权力的视野和控制中，也就是"通过档案工作者的普通日常活动而实现的记忆政治"②。档案微观管理指的是对档案的具体管理、操作和控制，主要包括档案收集、整理与编目、鉴定、保管等一系列环节。下面将从档案收集、整理与编目、鉴定、保管四个方面具体分析权力对档案微观管理的建构过程。

1. 权力对档案收集的建构

档案收集是接收、征集档案的活动。在我国，档案收集就是根据国家法律和政策规定，按照法定的接收制度和有效的征集办法，将分散在各个部门、机构和个人手中的档案集中到档案室、档案馆，从而进行统一领导、分级管理、有效保存和开发的过程。③ 档案收集工作不仅是一项事务性工作，而且是一项政策性很强的工作。这种政策性在很大程度上体现为权力对于档案收集的干预和控制。档案是社会记忆的载体和重要组成部分，社会记忆的内容和形

---

① Richard Harvey Brown and Beth Davis-Brown, "The Making of Memory: the Politics of Archives, Libraries and Museums in the Construction of National Consciousness," *History of the Human Sciences*, No. 11 (1998): 17 – 32.

② Richard Harvey Brown and Beth Davis-Brown, "The Making of Memory: the Politics of Archives, Libraries and Museums in the Construction of National Consciousness," *History of the Human Sciences*, No. 11 (1998): 17 – 32.

③ 陈智为、邓绍兴、刘越男：《档案管理学》第 3 版，中国人民大学出版社，2008，第 68 页。

成方式主要是由权力所操控的，因此档案收集作为档案管理工作的第一步，也是社会记忆建构中的关键一步，必然渗透着权力的影响。

首先，权力对档案收集的建构表现在对档案的占有上。兰德尔·吉默森曾说："对档案文件的收集、保存和利用在很大程度上由财富和权力拥有者们决定。"① 也就是说，权力拥有者决定着档案的收集并对其拥有所有权。相反，失去了权力也就失去了对档案收集的控制，甚至导致档案的流失和毁坏。比如春秋时期群雄争霸，社会动荡，周王朝中央以及世卿贵族的档案随着权力的丧失而大量流散到社会，孔子正是利用这个机会周游列国，搜集各国档案文献的。

其次，权力对档案收集的建构表现在收集的倾向上。档案的收集必然涉及收集什么以及不收集什么的决定，档案没有被列入收集范围则预示着散失和销毁的命运，埃里克·卡特拉（Eric Ketelaar）曾说："如果一个东西在我们的档案里没有出现，它就不会存在！"② 虽然说得有些夸张，但一定程度上反映出档案收集的重要性。权力之所以注重对档案收集倾向的监督和控制，是因为档案收集是建构社会记忆的关键关节，通过权力的控制和审查，符合权力价值和利益诉求的档案（比如社会权贵的档案）才能被收集，从而获得档案的真正特权地位，而不符合或者违背权力要求的档案（比如卑微弱势人群的档案）则被排除在收集范围之外，被边缘化甚至被销毁。于是权力就通过影响档案的收集倾向而影响到了历史的书写，进而影响到了社会群体对于历史的理解。比如档案收集中存在性别歧视的倾向，尤其是在古代社会中，国家权力在系统地排除有

---

① 〔美〕兰德尔·吉默森：《掌握好档案赋予我们的权力》，马春兰译，《档案》2007年第3期。

② Eric Ketelaar, "Archival Archival Temples, Archival Prison: Modes of Power and Protection," Archival Science, No. 2 (2002): 226.

关女性的档案，目的在于维护父权制下男性的社会地位，防止权力的性别转移。

2. 权力对档案整理与编目的建构

档案整理与编目就是按照一定的原则和方法，把处于相对凌乱状态的档案系统起来，进行基本的全宗区分、档案分类、立卷、案卷排列、编制案卷目录等，以便于保管和利用。权力对档案管理的建构也深刻地反映在档案的整理与编目方面。兰德尔·吉默森将权力对档案整理与编目的建构称为对"文件和研究者的监禁"，也是"对文件的意义和文件形成者身份的监禁"①，查理德·布朗和珀斯·布朗认为："档案排序和分类的模式和结构凸显或者排斥了一些材料，分类和排列的逻辑层次一定程度上反映了社会或者政治的层次。"② 权力对档案整理与编目的建构主要体现为档案整理与分类原则以及档案著录与编目方法两个方面。权力通过干预档案整理与编目过程使档案形成了特定的被视为合理的顺序，并且控制了档案的解释权和价值意义。

首先，权力通过控制档案整理与分类原则来控制档案存在状态与顺序。档案整理的原则就是保持文件之间的内在联系，这种联系包括来源、时间、内容和形式等方面，其中来源方面的联系是文件联系的首要联系。因此，档案整理的首要原则就是遵循来源原则，档案整理的第一步便是区分全宗，全宗内档案的主要分类方法便是组织机构分类法，这是档案管理与图书管理的根本区别之处。比如"嘉庆年间编制的《清理东大库分类目录》基本上是以封建皇帝的

---

① 〔美〕兰德尔·吉默森：《掌握好档案赋予我们的权力》，马春兰译，《档案》2007年第3期。

② Richard Harvey Brown and Beth Davis-Brown, "The Making of Memory: the Politics of Archives, Libraries and Museums in the Construction of National Consciousness," *History of the Human Sciences*, No. 11 (1998): 17 – 32.

管理职能活动为根据而划分"①，这是我国近代档案分类思想的渊源。作为全宗构成者的立档单位具有三个条件：独立行使职权、独立会计单位以及人事任免权。可见，来源原则和组织机构分类法从根本上来讲实际上是一种以权力为中心的原则和方法，文件主要是组织机构在行使职权的过程中产生的，"来源原则是以文件形成者职能来体现权力和国家意志的"②。从某种程度上讲，来源原则就是权力原则，来源原则是权力的产物。分类原则也不是简单地对档案进行分类，"我们定义材料本身的方式由占统治地位的知识或者政治范式进行塑造，分类的意识形态功能虽然被掩盖，但更为强大，比如人口成员的表层差异可以帮助证明种族区别的实证效力，因此，（分类）是政治统治的。"③

权力通过对档案整理原则和全宗分类方法的干预，使档案形成了其认为合理的顺序，将来人们也只能接触如此顺序和分类下的档案。这也可以解释一些历史档案为什么被重新打乱、组合以及任意增删了，因为权力可以通过控制档案整理与分类来维护自身利益。

其次，权力通过控制档案著录与编目方法控制档案的解释权和价值意义。档案著录指的是对档案的内容和形式特征进行分析、选择和记录，以便于更好地编制档案目录。档案著录不是简单地标注档案的分类号、主题词、提要等内容，其实著录也是一个选择的过程，一份档案为什么给予这个分类号而不给那个分类号？为什么被标注这个主题词而不是那个主题词？这些选择其实

---

① 颜祥林：《20 世纪中国档案学三次发展高潮的成因剖析与启示》，《山西档案》2000年第 6 期。

② 张林华、蒙娜：《权力因素在档案建构社会记忆中的消极作用及其应对策略》，《档案》2007 年第 5 期。

③ Richard Harvey Brown and Beth Davis-Brown，"The Making of Memory: the Politics of Archives, Libraries and Museums in the Construction of National Consciousness," *History of the Human Sciences*, No. 11 (1998): 17 – 32.

都渗透着权力的影响，都渗透着权力主体对于档案价值和意义的控制权和解释权。伍迪·杜夫对档案著录进行解构，认为"著录目标、方法以及文件类型不同，著录产品就存在差异"①，以官方档案为主体的档案著录过程中，其著录目标的价值取向显然是具有明显的权力倾向的。特里·库克等人形象地将著录标准比喻为过滤器，"通过档案著录主流价值得到增强而微弱的声音则更加边缘化，档案著录是一个价值驱动的事实的选择，权力主导下的叙事通过档案著录得到建构"②。

3. 权力对档案鉴定的建构

档案鉴定是判定档案价值、决定档案存毁的工作。胡鸿杰认为："档案价值鉴定并不是单纯的管理过程问题，如果不考虑其主体因素，就会使其失去主旨而流于形式。"③ 这里所指的"主体因素"实质上就是权力因素，也就是说，档案价值鉴定的关键问题在于为谁鉴定和由谁鉴定，这是名副其实的一个权力问题。档案因其重要的凭证价值以及有效的行政工具意义，历来受到统治者的高度重视，历朝统治者无一例外地对档案进行严格控制和管理，对档案价值鉴定给予高度关注，在档案真假、存废等问题的把控上更是极其谨慎和严格，保证档案为统治阶级服务。比如隋唐时期就把有关档案鉴定、销毁方面的制度纳入国家法典当中，"开中国历史用法律形式规定档案鉴定销毁行为之先河"④。

权力对档案鉴定的建构实际上是权力建构公众记忆、创造历史的一个过程，因为权力通过档案鉴定决定了哪些档案被保存、哪些

---

① Wendy M. Duff, "Evaluating Metadata on A Metalevel," *Archival Science*, No. 1 (2001): 285.

② Terry Cook and Joan M. Schwartz, "Archives, Records, and Power: From (Postmodern) Theory to (Archives) Performance," *Archival Science*, No. 2 (2002): 171.

③ 胡鸿杰：《化腐朽为神奇——中国档案学评析》，上海世界图书出版公司，2010，第94页。

④ 李财富：《中国档案学史论》，安徽大学出版社，2005，第14页。

档案被排除在外而销毁，被保存的档案就获得了高度可信的特权，被排除的档案就被边缘化甚至最终消失，这样历史就受到了权力的控制。权力对档案鉴定的建构主要体现为档案鉴定标准和档案鉴定组织两个方面。

首先，权力建构档案鉴定标准。鉴定档案价值的主要标准就是档案的属性标准，包括分析档案的来源、内容、时间、形式特征等方面。权力对档案价值鉴定标准的影响还是十分明显的。比如，档案鉴定的来源标准就是看重档案的形成者，本机关制发的文件是保存的重点，要长久保存，而且立档单位在社会上的地位和作用越重要、级别越高，其保存价值就越高，这实际上是权力的主体和级别决定了档案价值的大小。再比如，档案鉴定的内容标准以档案内容的重要性作为重要判断依据，重要性主要体现为反映党的方针政策、重大事件、主要业务、主要职能、中心工作等方面，这又是以权力为中心的判断标准。

其次，权力建构档案鉴定组织。近代历史上曾经出现过主张由行政官员来实施档案鉴定与销毁的思想，主张鉴定完全由行政官员自行决定，即英国档案学者希拉里·詹金逊的"行政官员决定论"，虽然这种鉴定理论具有一定局限性，比如将档案工作者排除在外不利于档案历史文化价值的判断等，但这种思想也具有很大的合理性，那就是档案价值的判定应该由档案的形成者——行政官员来判定，这实际上体现的是权力主体对权力工具的控制和影响力。虽然后来档案鉴定权出现了转移，主要由档案工作者来承担档案鉴定的工作，但是行政官员的身影始终没有退出档案鉴定组织，始终在发挥着监督和控制的作用。比如我国机关档案鉴定工作，一般由办公厅（室）领导人、档案人员、业务人员三结合组成档案鉴定小组负责进行，档案馆的鉴定工作由馆长、同级档案事业管理机关和档案馆有关人员组成鉴定工作委员会负责进行，在鉴定某一机关档案的时候，还可邀请机关的代表参加。可见，行政机关的影响力在档案鉴定工作中始终存在，而且即使没有行政机关的参与，仅仅由档案工作者组成的档案鉴定组织也不可避免地按照权力主流价值进行档案鉴定和销毁工作。

4. 权力对档案保管的建构

随着时间的推移，档案既处于不断积累和增加的过程中，同时也处在不断的损毁过程中，这就需要加强档案的保管工作。由于档案对权力的极端重要性，我国历代统治者对于档案保管都反映出了"重藏慎用"的思想，权力对档案保管给予了高度关注并进行积极干预和建构。这种建构主要体现在档案保管场所和档案保管制度两个方面。

首先，权力积极建构档案保管场所。从档案保管场所来看，统治者积极建设坚固耐用的档案库房来存贮档案，为档案保存提供良好环境。早在商代，统治者就非常重视档案的保管，将档案集中存放在作为最高权力象征的宗庙，并且严加看守和保卫；汉代建造了著名的石渠阁，由萧何主持设计，用来收藏刘邦进军咸阳后获取的大量图籍档案；两宋时期，封建皇权得到空前加强，皇帝档案逐渐从中央档案机构中分离出来，为加强对皇帝档案的管理，两宋时期共建立了11座帝王档案库，专门用来管理皇帝档案，比如宋代最早建立的皇帝档案库称龙图阁，"阁上以奉太宗御书、御制文集及典籍、图书、宝瑞之物，及宗正寺所进属籍、世谱总 5115 卷轴册"①；明代洪武初年建立了保管全国赋役档案的专门档案库——后湖黄册库，黄册是关系明代徭役赋税等经济命脉以及集权统治的重要记录，因此明代对黄册的保存建筑给予了高度重视，朱元璋曾亲自参与了后湖黄册库的策划，整座库房坐落在湖中岛屿上，既利于防火，又便于防卫；明代皇史宬是皇家档案库的集中代表，统治者对皇家档案保管高度重视，按照封建宗法礼制进行总体规划和设

---

① 转引自：吴芹芳、谢泉著《中国古代的藏书印》，武汉大学出版社，2015，第108页。

计，显示封建帝王的至高无上，比如它是一座庑殿式建筑，屋顶盖以黄琉璃瓦，吻兽相向，是最高等级宫殿建筑，皇史宬主要收藏皇帝的实录、圣训和玉牒，它们均收贮于楠木制成的鎏金铜皮包制金匮内。

到了现代社会，各国也对档案保管场所建设给予了高度重视和大量支持，档案保管技术更是日新月异，先进发达。比如，改革开放之后，我国各级政府不惜花费巨资建设档案新馆，许多档案馆都是当地地标性建筑，比如山东省档案馆新馆位于省会济南东部新城核心地带的山东文博中心，整个建筑外观古朴典雅，庄严厚重，而且档案保管技术先进，安保、消防系统严密发达，包括红外感应系统防控、全天候视频摄像监控（分布式监控探头多达 162 个）以及武警保安 24 小时巡防，整个新馆的供电、给水、消防、安防、门禁、设备运行、视频监控、温湿度控制都实现了中央总控式管理。再比如，美国国家档案馆位于国会广场，是一座新古典主义建筑，其镇馆之宝——《独立宣言》每天都被公开展出，但是"该档案被防弹透明罩包裹在内部，而且每天晚上或者在遭受威胁的时候，该档案便下降进入防炸弹地下掩体中"[1]。

其次，权力积极建构档案保管制度。档案保管制度主要包括副本制度、进出库制度、温湿度控制制度、库房保卫制度、档案清点制度等。权力高度重视档案保管，它通过建立一系列严格的档案保管制度来对档案进行全面严格的监视，国外有学者形象地将档案馆比喻为"档案监狱"[2]，可见权力对档案保管的深刻建构。比如，西周时期为了保证档案的物理安全，防止损毁，同时为了预防不法官吏隐藏改换档案，建立了档案副本制度，王朝重要档案都要建立

---

[1] Richard Harvey Brown and Beth Davis-Brown, "The Making of Memory: the Politics of Archives, Libraries and Museums in the Construction of National Consciousness," *History of the Human Sciences*, No. 11 (1998): 17-32.

[2] Eric Ketelaar, "Archival Archival Temples, Archival Prison: Modes of Power and Protection," *Archival Science*, No. 2 (2002): 226.

多份副本，对于档案长远保存意义重大；宋朝的档案保管制度十分具体，规定保管的档案不可错乱，重要文书要单独成册、单独存放。平时也要注意防火、防水、防潮等。明朝后湖黄册库由明王朝中央直接领导，并且黄册档案管理有一整套详细具体的规定，库内有严格的查阅、定期晾晒和保卫保密制度，其管理制度之严，是16世纪早期世界罕见的，也是中国档案保管史上的奇迹；明代皇史宬档案保管调阅有严格手续，启匣查阅前要"焚香九叩首"，平时定期晾晒，专人稽核其重视度可见一斑，至清代，统治者仍用皇史宬收贮皇家重要档案；到了现代，我国档案保管制度更为严格和科学，在档案秩序管理、温湿度调节、出入库控制、理化状态检测、库房保卫等方面更是严格细致，使档案保管的安全性、秩序性和科学水平大大提高。

二　档案管理对权力进行建构

权力对档案管理的建构是全面而深刻的，权力为了维护自身的统治利益在有意识地积极建构档案管理，反过来，档案管理在这种建构和干预下进一步巩固了权力，实现了对于权力的反建构，权力与档案管理相互建构。档案管理对权力的建构主要体现为巩固权力、象征权力以及协助权力三个方面。

（一）档案管理巩固权力

档案管理对权力的建构首先体现为，档案管理通过一系列流程和制度维护和巩固了权力的权威。正如约翰·施瓦兹和特里·库克所言，"档案馆是由当权者建立来保护或者提高他们在社会中的地位的"[①]，从古希腊开始，档案馆就和维护权力有关，与现在的权力

---

① Joan M. Schwartz and Terry Cook, "Archives, Records, and Power: The Making of Modern Memory," *Archival Science*, No.2 (2002): 1.

控制对于过去的认知有关。档案管理的一系列流程和制度始终在建构或者维护权力，在这一系列流程和制度的实施过程中，档案管理确立了主流权力和主流话语，使符合权力利益的记忆变得清晰，不符合权力利益的记忆则变得模糊甚至消失，从而有效维护了权力的权威。比如"纳粹和南非种族隔离政府精心打造了有利于他们政策和政治价值观的巨大的档案信息资源，从而帮助他们压迫他们的敌人"①，这样档案就在无形中巩固和维护了权力拥有者的权威和利益。

（二）档案管理象征权力

对组织进行权力垄断的一个重要方式就是记忆垄断，记忆垄断是除人事垄断、财政垄断以外的又一重要垄断方式。档案管理是组织记忆垄断的主要方式，对组织记录收集、整理、鉴定、保管的控制实际上是一种权力的象征，这种活动决定了组织记忆的收集范围、排列顺序、内容取舍以及保管环境。档案管理本身就是一种权力的象征，档案馆更是统治者特权的象征，是维护统治者特权的堡垒，国外有学者将其称为"档案神庙"②，反映了档案馆至高无上的神圣权力地位。

（三）档案管理协助权力

档案管理是行政管理的重要组成部分。档案管理的首要目的在于为行政管理服务，为权力运行提供协助和保障。因此，档案管理对权力的协助主要体现为档案管理充当权力运行的工具，有效降低行政成本，提高行政效率。民国时期"行政效率运动"的主要内容便是文书档案改革，核心技术方法便是实施"文书档案连锁法"，

---

① Randall C. Jimerson, *Archives Power: Memory, Accountability, and Social Justice* (Chicago: Society of American Archivists, 2009), p. 121.

② Eric Ketelaar, "Archival Archival Temples, Archival Prison: Modes of Power and Protection," *Archival Science*, No. 2 (2002): 226.

通过改革文书与档案管理的一系列流程和方法，大大提高了档案管理的科学水平，提高了行政效率。

三　权力与档案管理相互建构的启示

权力建构档案管理，档案管理反过来建构权力，权力与档案管理相互建构。权力与档案管理的这种关系给档案界带来许多有益的启示。

（一）档案管理过程的客观性、中立性需要辩证地看待

由于权力这只无形之手的参与，档案管理过程的客观性、中立性是相对的。历史学家历来把档案史料作为研究历史的最为可靠和可信的材料，但档案形成之后在其管理过程中包含着许多权力建构的痕迹，这就是为什么史学家在利用档案史料过程中有一项重要的工作——史料辨伪，通过各种档案史料的比对和考证来辨别档案的真实性与可信度，辨析档案在形成之后的管理过程中，在档案收集、整理、鉴定以及保管的过程中，档案的形态和内容是否发生了变化。可见，档案管理过程的客观真实性是相对的，这就是为什么西方一些史学家对把档案馆看作历史知识的处所持有怀疑态度，他们"不把档案馆概念化为知识的处所，而是将其看作权力的处所"①。

（二）档案管理过程应该更加公开、清晰和透明

既然权力对档案管理过程进行了或明或暗的建构，那么这种建构就很容易使档案管理形成对权力自身利益的依赖性和指向性，长此以往，档案管理就容易成为维护权力统治的工具。如果这种权力受到了法律和公众的广泛监督，那么权力对档案的建构一般会符合

---

① Douglas Booth, "Sites of Truth or Metaphors of Power? Refiguring the Archive," *Sport in History*, No. 26 (2006): 91 – 109.

公众的利益并且不断被得到矫正和制约；但如果这种权力是不受制约或者监督的，那么这对于国家与社会的发展以及公民利益的保障是非常不利的。因此，对于权力对档案管理过程的建构，既不能认为是理所应当的，也不能进行完全的否定，而应该提高档案管理过程的透明度，公开档案管理过程的一系列方针、制度和标准，说明这些管理规则和制度制定的背景、过程与价值取向，比如档案鉴定、著录、保存的原因、标准、价值观、方法论等，并且接受社会公众的质疑、批判、评估和检验。这样一来，"被认可的权力就会成为能够被质疑的、负责任的、开放进行透明对话以及丰富理解的权力"①。当然，要实现档案管理过程的公开化与透明化，从根本上讲还要促进政治运行的开放度和民主度，建设责任政府，促进社会正义。

（三）档案管理应该更加关注弱势或边缘群体

权力对档案管理的建构使得档案管理基本上只能反映权力的诉求，但人类的活动是复杂多样的，仅围绕权力进行档案管理容易造成人类记忆的断层和缺失，这是对社会正义和公平的挑战。因此，档案管理应该涵盖社会各阶层的档案，应该多加关注权力以外的声音，比如弱势或边缘化群体的档案和故事，克服对于权力组织档案的倾向性，以一种更加平衡的视角看待过去。"让档案比以前更加完整，而不是让它绝对完整无瑕"，"通过弥补鸿沟，来确保文件在它丢失的地方被重建以及满足社会权力结构之外的那些需求"②。比如，近年来美国许多档案馆致力于收集"有关妇女、有色人种、

---

① Terry Cook and Joan M. Schwartz, "Archives, Records, and Power: From (Postmodern) Theory to (Archives) Performance," *Archival Science*, No. 2 (2002): 171.

② Randall C. Jimerson, Archives Power: Memory, Accountability, and Social Justice (Chicago: Society of American Archivists, 2009), p. 303.

少数民族、工人、宗教徒、同性恋者、穷人、恐怖主义分子以及其他被边缘化了的人群的档案"①，这是对于人类记忆完整性的有效补充，体现了档案管理的良好价值取向。

第四节 权力与档案利用的相互建构

档案利用工作通常指的是档案提供利用工作，它是将档案馆（室）收藏的档案信息以不同的方式提供给利用者利用的工作。档案利用工作是档案工作的中心工作，档案形成与管理的最终目的都是档案的利用。权力为了自身的利益需求必然对档案利用工作进行积极的建构，而档案利用工作反过来也建构了权力，从而实现了权力与档案利用的相互建构。

一 权力对档案利用进行建构

在我国，档案馆和档案室的地位比较特殊。胡鸿杰认为，我国档案馆和档案室"都不是现实状态和法律意义上的社会公共部门……它们或者隶属于各级党政机构的办公部门，或者属于各类社会组织的内部机构，没有一条服务社会公众的实质性渠道"②。不难看出，我国档案机构具有较为浓厚的权力依附色彩，它们在开展档案利用工作时更容易受到政治行政权力的影响、干预和控制。权力主体可以通过严格的档案利用制度和规范对档案利用主体、利用场所、利用形式、利用范围等进行控制和建构。下面将从档案利用的一些主要形式来具体阐述权力对档案利用的建构。

---

① 〔美〕兰德尔·吉默森：《掌握好档案赋予我们的权力》，马春兰译，《档案》2007年第3期。
② 胡鸿杰：《化腐朽为神奇——中国档案学评析》，上海世界图书出版公司，2010，第59页。

（一）权力对档案开放的建构

许多档案涉及党和国家的政治、军事、经济和商业秘密，档案工作具有很强的机要性特点，需要加强保密工作。同时，档案又需要根据时间、环境、条件的变化适时进行降密、解密和开放的工作，这样才能更好地发挥档案的作用和价值。档案开放，"就是将已经到解密期限的档案按照规定的手续进行降密，逐步解除封锁和禁令，按时向公众开放并允许利用的行为"①。档案开放实际上就是把档案从"官"用扩大为民用，这涉及政治民主化的问题，档案开放一定程度会影响到我国政治文明建设的进程和水平。对于这个关键问题，权力不可能置身事外，权力对档案的开放与保密进行了积极的干预和建构。

早在古代社会，权力就对档案开放进行了强力干预，档案主要被用来"资政"和"存史"，具有高度机密性，秦始皇时期就已颁布了有关档案保密的一些规定和制度，充分体现了皇权的至高无上和封建等级的森严。而利用档案是国家上层少数人的特权，受到了种种限制，利用被限制在负责档案保管的官吏以及皇帝特许的少数官员范围内，普通大众根本无法接触档案，档案没有开放的土壤。

到了现代社会，虽然档案开放已经以国家法律的形式得到确认和推行，貌似权力对档案利用的过分干预得到了有效遏制，但事实上，这种干预仍然是强大和无形的。权力对档案开放的干预主要体现为档案开放利用是有条件的，档案开放必须以不侵犯国家权力的利益为前提。如果档案开放触犯了权力自身的利益，那么档案便被禁止开放。具体来说，"档案在什么情况下开放，给谁开放，以什么方式开放利用，在什么情况下需要保密，范围多大，什么情况下

---

① 陈智为、邓绍兴、刘越男：《档案管理学》第 3 版，中国人民大学出版社，2008，第 399 页。

需要解密等，都要服从党和国家的利益，在这个总的前提下，依据党的方针政策为标准，把二者统一起来"。① 对此，《中华人民共和国档案法》第 19 条规定，国家档案馆保管的档案，自形成之日起满 30 年向社会公众开放……涉及国家重大利益和安全事项的档案开放期限可以多于 30 年。第 20 条规定，国家档案馆对于国家所拥有的档案具有公布权。可见，国家权力既掌握着档案开放的范围和时间，而且掌握着档案的公布权。权力对档案开放与保密进行了深度的控制和干预。

（二）权力对档案阅览的建构

档案是人们在社会实践活动中直接形成的原始记录材料，一般仅有一份且有较高的机密性。因此，一般来说档案是不外借的，主要在档案馆（室）接受阅览、复制和咨询等。权力对档案阅览的干预是深刻的，权力主要通过制定严格的档案阅览制度对档案阅览进行控制，规定"什么人可以在什么地方以什么方式阅读档案以及阅读哪些档案"②，权力通过一系列严格的制度控制着利用者从档案阅览、复制到咨询的整个过程。

国外档案学者形象地将档案馆比作监狱，这座监狱既是对档案的监禁，也是对档案利用者的监禁，对档案的监禁主要体现在档案馆禁闭并且上锁的大门以及禁闭的档案柜等，对档案利用者的监禁则体现在，利用者从进入档案馆的那一刻开始一直到他离开档案馆那一刻结束，其一切行为都处于权力的严密监视和控制之下，档案利用者就像"囚犯"一样进入了一座档案监狱。虽然许多档案利用者对下述档案馆中的这些现象和规定都习以为常，但仔细想来，整

---

① 陈智为、邓绍兴、刘越男：《档案管理学》第 3 版，中国人民大学出版社，2008，第 383 页。
② 陆阳：《论权力对档案的建构》，《浙江档案》2009 年第 12 期。

个档案利用过程却在这些小细节和规定中受到了权力无时不在的监督和控制。

当档案利用者来到档案馆，首先要出示有效身份证件进行登记，要填写档案利用的原因并签署遵守档案利用制度的声明，然后他们的私人物品要进行寄存，不允许带进档案阅览室，一些档案馆甚至连自带纸张和笔都被禁止，只能用档案馆提供的纸和铅笔，进入阅览室后，档案利用者必须保持安静，整个阅览室都安装有密集的视频监控，保安人员也会在四周走动，整个房间的布局和家具的摆设为档案工作者提供了一个最大化的监督视野，而这对于档案利用者来说则是最小化的隐私，阅览室的桌子也没有抽屉，防止利用者藏匿档案，档案工作者则坐在不远处一个较高的视野开阔的平台上，可以环顾四周，对档案利用者的行为一览无余。

如果档案利用者向档案工作者进行咨询，那么利用者必须更为详细地说明自己的利用原因，一些研究者甚至要将自己很细节的研究想法和盘托出，接受档案工作者的盘问和审查，因为在许多国家档案馆对于一些档案的阅览许可仅仅限定为特定的原因。

在调阅档案的时候，每次调阅档案的数量是有限制的，而且利用者在接触档案的时候必须戴手套，一些档案馆禁止对档案进行复印或者扫描，只能做笔记，笔记在带出档案馆时要经过档案人员的审核和批准，甚至对于一些敏感档案，利用者仅仅能够查看而根本不允许做笔记或者复制。对于这些笔记的用途档案馆也要进行干预，比如利用者要签署一个有关档案利用的协议，对档案的用途和将来可能产生的法律问题进行详细规定和限制，包括研究者的著作在出版的时候要提交档案馆进行审核等。

可见，权力虽然没有直接禁止公众接触档案，但却通过一系列严苛细致的利用制度和规范对档案利用者的行为进行了控制和干预，这些制度和规范看似寻常，而且很多都被档案工作者看作为了保证档案的安全和完整，最终是为了利用者的利益，但从根本上来看，这体现的是权力对于档案利用的深刻控制和建构，档案利用者由于受到权力的左右而无法真正自由地利用档案。

（三）权力对档案展览的建构

档案展览是"根据组织需要，档案机构按照一定的主题，以图文声像等多种形式，对馆（室）藏档案进行一定的选择、加工并进行揭示和展示的行为，档案展览是档案馆开展爱国主义教育、社会教育等活动的有效途径，对于扩大档案社会影响、改善档案馆外部发展环境意义重大"[①]。《档案管理学》（第三版）认为，"档案展览是一项政治性、思想性、科学性和艺术性的工作"[②]，政治性被放在了档案展览性质的第一位，可见档案展览与政治权力的密切关联。档案展览受权力影响的痕迹是很明显的，它是爱国主义和革命传统教育的基本形式，其目的是配合各项工作的需要，也就是说权力根据自身的需要组织开展档案展览，目的在于对广大民众进行宣传与教育，促进官方价值取向的培育与建立。

权力对档案展览的建构和影响集中体现在档案展览的时机和主题上。

（1）权力积极干预档案展览时机。档案展览一般发生在党和国家在开展政治活动和纪念活动以及本机构在执行重要任务或者开展中心工作的时刻，这一时期是最需要档案展览来配合进行宣传的时刻，也可以得到社会的广泛关注和积极响应。比如，2008 年西藏"3·14"打砸抢烧事件发生后，在北京民族文化宫举办的"西藏今昔——大型主题展"，以大量无可辩驳的档案文献资料证明了西藏是我国不可分割的神圣领土，有力回击了敌对势力对于西藏问题

[①] 陈智为、邓绍兴、刘越男：《档案管理学》第 3 版，中国人民大学出版社，2008，第 393 页。
[②] 陈智为、邓绍兴、刘越男：《档案管理学》第 3 版，中国人民大学出版社，2008，第 394 页。

的无理指责；再比如，2014 年 7 月 24 日，在中国人民抗日战争胜利纪念日即将到来之际，中国人民革命军事博物馆适时举办了《历史不能忘记——近代以来中国人民抗击日本侵略展》，以大量翔实的档案文献和图片资料展现了近代以来日本侵略者带给中国人民的苦难以及中国人民抗击侵略的波澜壮阔的历史画卷，引起社会广泛关注。

（2）权力积极控制档案展览选题。好的展览主题是搞好展览的关键，档案展览选题不是随意的和想当然的，而是受到国家以及组织机构的严格控制。档案展览选题一般都具有很强的目的性和针对性，那就是配合国家中心任务、重大政治事件或社会主义现代化建设中的一些重大、急需解决的关键性问题进行选题，配合本机构当前的中心工作和任务进行选题，甚至直接根据领导指示进行选题。比如，2014 年 9 月，中共上海市委宣传部、市级机关工委、市档案局（馆）、市委党史研究室、市政府发展研究中心共同主办《百舸争流，奋楫者先——上海改革开放回顾与展望》展览，该选题旨在反映党的领导下上海 30 多年改革开放的奋斗历程和生动实践，激发广大党员干部和群众发扬改革创新精神，继续为上海发展做出更大贡献，上海市很多领导干部群众参观了展览，取得广泛好评①；再比如，2014 年 5 月，上海市委组织部等部门主办、上海市工人文化宫承办了《党的好干部——焦裕禄事迹图片展》，该选题的目的在于为更好地开展上海市第二批党的群众路线教育实践活动，让广大党员干部思想上受到洗礼，境界上得到升华，有近 20 万人参展，展览获得巨大成功②。

① 《上海市档案局（馆）参与〈上海改革开放回顾与展望〉展览开展》，http://www.archives. sh. cn/zxsd/201410/t20141009_41581. html。
② 童浩麟、翁韬：《〈党的好干部——焦裕禄事迹图片展〉感动上海》，http://henan.people. com. cn/n/2014/0704/c351638 - 21575494. html。

（四）权力对档案编研的建构

档案编研就是档案机构按照一定的选题，对馆（室）藏档案进行一定的整理、编辑和加工，向社会提供更为系统、丰富和有针对性的档案信息的一项工作。档案是构成社会记忆的一部分，但档案本身并不直接等于社会记忆，"这中间还需要经过一定记忆重构和转化的过程"①，而档案编研就是这一过程的有效实践。为了建构符合统治者利益的社会记忆，权力必然积极介入社会记忆建构过程中来，必然对档案编研进行积极的干预和控制，这种干预和控制主要体现为以下两个方面。

（1）权力积极为档案编研提供制度、机构、人才保障。我国利用档案编研具有悠久的历史和传统，在古代社会，统治者在"盛世修书"以及"立德、立功、立言"等思想的影响下，不遗余力地投入大量人力、物力、财力开展档案文献编纂工作，在国家权力的干预下，大量史官利用档案史料参与修史，档案文献编纂成果丰硕，为我国留下了大量丰富的文献遗产。

唐代史馆征集了大量历史档案，在史书编纂上取得了很大成就，"二十四史"中的《晋书》、《梁书》、《陈书》、《北齐书》、《周书》、《隋书》、《南史》和《北史》都成书于唐朝的史馆。宋代王朝内外各部门架阁库的设立为修史编书提供了丰富的材料，创造了编修工作的基本前提，宋代编纂档案文件的机构也大大增多，官修史书成就巨大，修纂的本朝国史有三朝国史（太祖、太宗、真宗）150 卷，两朝国史（仁宗、英宗）120 卷，四朝国史（神宗、哲宗、徽宗、钦宗）350 卷。宋代官府汇编档案形成的史籍和记注共万卷以上，可见官修史籍的丰富。明清时期利用档案修史取得了很大成就，明朝纂修《元史》十分迅速，这主要得益于明朝统治者

---

① 卫奕：《论档案编研与社会记忆的构建》，《档案学通讯》2008 年第 6 期。

对于元朝档案史料收集的重视。清代修史机构较多，所修国史分作本纪、传、志、表四种，修有《明史》336 卷、《明史纪事本末》80 卷、《四库全书》、《古今图书集成》等，清朝无论是从修史的次数、成书的数量都超过了以往任何朝代。

（2）权力对档案编研成果进行干预和建构。权力干预首先表现为对档案材料的选择性编纂，即只选取对统治者有利的档案史料进行编纂，而对统治者不利的档案史料则被排除在编研成果之外。比如《清实录》中的《宣宗实录》及《德宗实录》的部分内容在影印时曾被挖补删除，《宣宗实录》删去的内容主要集中在光绪二十年、二十一年两年间有关中日战争的记载。权力干预还表现为直接在档案文献编纂成果中进行曲笔伪饰。通过伪造来扭曲后人对历史的记忆，而普通人只能被动地接受权力强加的这种记忆。比如陈寿的《三国志》是史料价值较高的一部正史，但他当时迫于曹魏权势的压力，不可能秉笔直言，《魏·武帝纪》中写道，"天子以公领益州牧"，"汉罢三公官，置丞相、御史大夫。夏六月，以公为丞相"等，给人的印象是曹操的官职爵位都是汉帝封的，事实上是曹操自封的①。再比如，由于起居注、实录等国史档案文献编纂事关皇帝个人名誉以及统治集团利益，因此统治集团必定对实录编纂进行严格干预和控制，以尽可能地维护其统治利益，历代统治者会慎重选择编修人员，让皇帝最为信任的贵戚担任监修，以保证实录编纂能够按照皇帝的意愿进行，如此一来，出现曲笔伪饰的现象必然在所难免，如清朝设实录馆修有自太祖至德宗十一朝实录，《清实录》对皇帝一律歌功颂德，对于皇室内部、统治集团内部的争权斗争以及许多重大历史事件的真相进行了大量粉饰掩盖，甚至不惜一改再改。

---

① 胡鸿杰：《档案文献编纂学》，中国人民大学出版社，2012，第 184 页。

二 档案利用对权力进行建构

权力为了自身利益有意识地积极干预和建构档案利用，反过来，档案利用也相应地建构着权力，档案利用的这种建构主要体现为辅助权力运行、保障权力利益、强化权力统治以及抵制权力统治四个方面。

（1）档案利用辅助权力运行。黄彝仲认为，档案是行政机构在行政过程中产生的文书材料，其目的是为公务活动提供参考和依据，这是档案的主要功能，而为将来的史学研究服务虽然也是档案的用途之一，但这不是档案的主要用途，更不是现阶段的主要用途，"档案管理为行政事务中重要之一环"①。可见，档案管理和利用是行政管理的一个环节，档案利用的主要目的和功能是为行政管理提供参考和依据，档案利用的首要目的是辅助政治行政权力的顺畅运行。因此，档案利用工作和行政管理、行政权力运行是密不可分的，档案利用工作开展得好，可以积累统治和管理经验，为制定方针政策服务，为其他业务工作的有效开展奠定基础，从而有效提高行政管理效率和水平。

（2）档案利用保障权力利益。档案以其重要的凭证性价值具有较为可信的说服力和较高的法律效力，因此，档案在内政、外交纠纷中很有说服力，利用档案可以有效保障国家权力的利益，回击敌对势力的侵害。比如，鉴于日本右翼势力的嚣张气焰，2014 年 7 月 3 日起，中央档案馆每天在互联网上公布一名日本战犯的亲笔供词档案，持续 45 天，深刻揭露了日本侵华期间反人道、反人类、反文明的暴行，有力回击了日本军国主义分子否定历史、美化战争的

---

① 《档案学通讯》杂志社：《档案学经典著作》第 2 卷，世界图书出版公司，2013，第 527 页。

企图。① 再比如，2008 年 4 月，西藏 "3·14" 事件发生后不久，国家档案局就公布了 15 件档案，以无可争辩的历史事实证明，700 多年来西藏一直接受中央政府的领导和管辖，西藏自古以来就是中国不可分割的一部分，从而有力回击了西方社会的无理指责。② 再比如，2014 年 12 月 7 日，国家档案局网站每天发布一集网络视频《南京大屠杀档案选萃》，共七集，以纪念 12 月 13 日我国首个南京大屠杀死难者国家公祭日，该视频深刻揭露了日军的滔天罪行，有力反击了日本右翼势力否定南京大屠杀的无耻谰言。③

（3）档案利用强化权力统治。吴宝康认为，"生产斗争和阶级斗争产生了档案，档案工作必须为生产斗争和阶级斗争服务，才能不断提高和发展"。④ 詹姆斯·奥图尔认为："档案常常被制作以及用于明确的、工具性的目的，被设计用来影响那些在一定关系中处于优势的计划和愿望。"⑤ 可见，档案利用的重要目的就是巩固权力的统治地位。档案利用在古代就是统治者维护其统治地位的武器，档案仅仅向统治阶级提供利用，这种利用进一步强化了统治者的权力，巩固了其统治地位。到了现代，档案开放利用虽然范围大大扩大，但都是以不触犯国家统治利益为前提，而且各种形式的档案利用都或明或暗地巩固和强化了国家权力。比如档案编研可以垄断历史的解释权，有效强化国家权力意识形态，维护权力的合法性和统

① 沈伯韩：《中央档案馆在互联网上公布〈日本战犯的侵华罪行自供〉》，http://photo.81.cn/zhuanti/2014-07/03/content_6037684.htm。
② 伊部：《国家档案局公布 15 件历史档案 杨冬权强调：史实无可辩驳——西藏自古就是中国的一部分》，http://www.ccda.gov.cn/ccda/ccda/article.asp?secid=78&infoid=2555。
③ 储信艳：《国家档案局今起首发南京大屠杀视频档案》，http://mil.cankaoxiaoxi.com/2014/1207/589592.shtml。
④ 吴宝康：《档案学理论与历史初探》，四川科学技术出版社，1986，第 242~243 页。
⑤ James M. O'Toole, "Cortes's Notary: The Symbolic Power of Records," *Archival Science*, No. 2 (2002): 45-61.

治的合理性，如日本右翼通过修改历史教科书、删改历史档案图片来淡化日本青少年对侵华战争的记忆，从而美化其统治历史；档案展览通过配合一些政治或者纪念活动，可以有效对民众进行深刻的爱国主义教育，巩固权力统治的合法性；档案宣传通过网络、电视、报纸等多种形式进行档案信息的传播，无形之中对民众进行了符合权力意识形态价值的灌输和宣传，其对权力的建构和影响是潜移默化的。

（4）档案利用抵制权力统治。虽然权力对档案利用进行了积极建构，但是档案利用反过来并不一定必然会巩固权力的统治，在某些情况下，档案利用对权力具有反向的抵制作用，这主要体现为档案利用对公民权利的保障上。权力在统治过程中实施压迫的证据也会被记录下来，这就为民众获取自由、维护自己的合法权益提供了证据，"如果档案中的压迫事实与监督和专制有关系，那么他们也可以被用来挽救人权以及重获自由。"① 可见，档案利用并不必然可以巩固和维护权力，档案利用也可能被用作证据起诉专制政府，反对权力的专制统治，保障公民合法权利，维护社会公平正义。比如"文革"时期许多冤假错案正是打着档案的旗号产生的，摧毁"四人帮"后，大量民众涌入档案馆查找相关档案，许多冤假错案通过档案利用得以昭雪，档案利用为许多人洗清了冤屈，废除了不公正待遇，从而保障了人权，维护了社会的公正。再比如，当年纳粹分子非法没收犹太人的财产而形成的大量文件档案，在后来却反过来成为犹太人追索归还其合法财产的重要法律证据和武器②。

---

① Eric Ketelaar, "Archival Archival Temples, Archival Prison: Modes of Power and Protection," *Archival Science*, No. 2 (2002): 226.

② Eric Ketelaar, "Archival Archival Temples, Archival Prison: Modes of Power and Protection," *Archival Science*, No. 2 (2002): 226.

三　权力与档案利用相互建构的启示

权力积极建构档案利用，档案利用反过来也建构权力，权力与档案利用相互建构，这给档案界带来了许多启示和思考。

（1）保障公民档案利用权利，促进社会公正。权力对档案利用的积极建构说明权力对于公民档案利用权利的实现负有很大的责任。"社会既可以从社会控制也可以从社会参与的视角进行看待，档案馆是监视、政策和权力的场所，但权力也是公民的权力，监视有双重性格：控制和关心，禁止与保护。公民也被权力所保护。"①事实也已证明，档案利用确实可以有效防止极权统治对人权的侵犯，为公民权利辩护。因此，权力除了要对档案利用进行控制、监督以及干预以维护自身利益以外，还应当关注和保障公民的合法档案利用权利，满足公众的档案信息需求。这要求在开展档案利用过程中，档案机构除了要满足政府官员、企业领导、宗教领袖等社会上层人士的需求之外，更应该注重满足权力结构之外的那些普通公众以及底层社会群体的档案利用需求，应该根据时间的推移、地点和条件的变化调整档案的密级，逐步扩大利用范围，减少烦琐的审批手续，方便利用者，保障所有公民的合法档案利用权利，真正实现档案的"民有、民治、民享"，维护社会公正。比如，霍华德·奇恩认为，档案编纂工作应该关注到普通人的生活、愿望和发展，这样才能够产生更为完整的编纂成果，使底层民众的现状和需求得到有效合理的呈现，如此，底层民众的生活才有可能得到更多的关注和改善②。再比如，2007 年，国家档案局出台《关于加强民生档案工作的意见》（档发〔2007〕12 号），提出积极开展民生档案利

① Eric Ketelaar, "Archival Archival Temples, Archival Prison: Modes of Power and Protection," *Archival Science*, No. 2 (2002): 226.
② 〔美〕兰德尔·吉默森：《掌握好档案赋予我们的权力》，马春兰译，《档案》2007年第 3 期。

用工作，各级档案部门应该以服务民生为重点，推进"三个体系"建设，于是与百姓生活密切相关的档案不断得到建立、完善和利用，如低保档案、优抚档案、涉农档案、健康档案等，从而有效保障了公众合法的档案利用权利。

（2）推进政治民主，监督制约权力。权力可以按照自身的利益需求对档案利用进行干预和建构，如果这个权力是受到民主制度制约的，那么权力对档案利用的建构就会符合大多数公众的需求和利益，但是如果这个权力不受民主制度制约，而是由少数统治阶层强力控制和干预，那么档案利用就会受到很大的限制和扭曲，必然会出现档案不开放、档案利用限制多、档案编研被歪曲等众多不公正现象，广大公众的合法权利就会受到损害。法国大革命后之所以出现档案开放利用的巨大进步，就是因为资产阶级民主革命的胜利，推翻了封建贵族的特权统治，从根本上说是政治民主化的发展推动了档案利用的进步。因此，要想有效保障公民档案利用合法权利的实现，必须提高政治民主化水平，对权力进行有效的监督和制约，这样才能够把权力关进笼子里，防止权力对公民合法档案利用权利的侵害。

（3）推进档案利用法治化。如果说政治民主化是推动档案利用的根本，那么法治化则是促进档案利用的有效保障。法治化强调"法律主治"、权力制约，法治化是档案开放利用的基本保障，国家权力与社会公众通过档案利用法律达成契约，从而为公众合法档案利用权利的实现提供了规则依据。档案开放利用不能成为权力与社会公众妥协的权宜之计，而应该把公众档案利用的权利以国家法律的形式确定下来并强制执行。世界各国都出台了相应的法律法规保障公民利用档案的权利，比如美国的《联邦登记法》（1935）、《行政程序法》（1946）、《信息自由法》（1966），加拿大的《加拿大国家档案馆法》（1987），俄罗斯的《俄罗斯联邦档案全宗和档案馆法》（1993），我国的《中华人民共和国档案法》（1988）、《中华人民共和国政府信息公开条例》（2008）等，这些法律法规以及规章都将档案开放利用原则作为共同遵循的基本原则，用法律形式确认和执行档案开放利用行为、保障公民档案利用权利已经成为不可抗拒的世界潮流。

（4）建立公平、公正、公开的档案利用实施机制。要想保障公众档案利用合法权利，除了要推动政治民主化以及档案利用法治化之外，还应建立公平、公正、公开的档案开放利用实施机制。首先，档案开放利用范围应该进一步扩大。只要档案信息不涉及国家核心机密，都应按期向社会公众开放，最大限度地保障公民的档案知情权，真正实现档案的"民治、民有、民享"。其次，档案利用服务对象应该多样化。应对所有社会阶层一视同仁，不应该存在档案利用上的阶层限制。再次，权力对档案开放利用的限制与干预应该公开与透明。凯特拉认为："民主国家中，对于档案挑选与开放利用的讨论应该是公开的并应接受公众监督。"① 档案机构应该向社会公众就干预行为做出解释并接受质疑、辩论和监督，防止权力滥用。另外，国家还应该建立公民档案利用权利救济制度，当公民利用档案的合法权利受到无理干涉和阻挠时，可以通过一定的救济途径得到申诉和赔偿。

小　结

中国档案学的研究对象——档案与档案工作的客观中立性并非无可置疑，现实中它们受到了来自权力的深刻建构和干预，从文件/档案的形成到档案管理以及档案利用都渗透着权力的影响，档案和档案工作与权力相互建构，这种相互建构的关系如图 2-1 所示。

---

① 〔美〕兰德尔·吉默森：《掌握好档案赋予我们的权力》，马春兰译，《档案》2007年第 3 期。

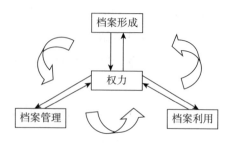

图 2-1 中国档案学研究对象的权力建构

从档案形成、档案管理一直到档案利用，权力对档案工作的每一个阶段进行了积极的建构，而档案工作的每一个阶段反过来也对权力进行了建构，权力与档案工作是相互建构的关系。在这种相互建构的关系中，权力始终处于关键的中心位置，也就是说，权力对档案工作每一个阶段的建构是处于强势地位的，而档案工作对权力的建构基本上是服从和服务于权力的意愿和目标。作为中国档案学研究对象的档案和档案工作深深地打上了权力的烙印，这不能不深刻影响着中国档案学的学科面貌、内涵以及未来发展。

第三章　中国档案学研究
环境的熏染

　　任何认为我们档案工作和档案学的研究工作与党的路线、方针、政策无关的思想认识都是不对的。①

　　心理学研究表明，人的性格与人的生理基础有一定关系，但与人所生活的社会环境关系更大，中国人性格研究组的研究表明，"社会环境对性格形成有决定性的影响"②。档案学的研究环境很复杂，陈永生将影响档案学理论的外部环境分为社会科学文化环境、社会政治环境和社会经济环境三个方面③，江村夫认为，中国档案学发展缓慢的原因有很多，但主要可以分为客观原因和主观原因两个方面，主观原因包括档案学人的思想观念、研究方法、思维方式等，客观原因包括社会政治环境、历史因素等④。不难看出，社会政治环境是中国档案学发展所面对的主要外部环境，档案学受政治环境的熏染较为浓厚。本章将从政治发展环境、政治制度环境、意识形态环境和政策行政环境四个方面入手，重点考察政治环境对中国档案学发展所产生的外部及深层影响，并对这种影响

---

① 吴宝康：《档案学理论与历史初探》，四川科学技术出版社，1986，第 221 页。
② 中国人性格研究组：《中国人性格研究的理论与方法初探》，《云南师范大学学报》（哲学社会科学版）1993 年第 6 期。
③ 陈永生：《档案学论衡》，中国档案出版社，1994，第 284 页。
④ 江村夫：《黄土地 高围墙——中国档案学理论发展缓慢之散议》，《上海档案》1988年第 5 期。

进行评价。

第一节　政治发展环境对中国档案学的影响

一　政治发展的含义、目标与路径

政治发展是 20 世纪 60 年代西方政治学者创立的政治学新的研究课题，学界对于政治发展的含义存在不同的界定。1966 年，阿尔蒙德首次使用政治发展这一概念，认为："政治发展是政治系统对国内或国际环境的变迁所做的反应，特别是对政权建立、国家建立、参与和分配等挑战所作的反应。"[1] 亨廷顿认为："政治发展是建立有效的社会控制，谋求稳定的政治秩序的过程。"[2] 李元书认为，政治发展是一个政治扬弃的过程，在这个过程中政治体制和政治生活方式得到不断成长，同时"人的政治潜能得到持续发挥"。[3] 王沪宁认为："政治发展意味着建立适应一个特定社会历史—社会—文化要求变化的稳定政治体系。"[4]

各种社会政治形态都面临着政治发展的问题，政治发展的实质是政治关系的变革和调整，其根本动力是生产力发展引起的，虽然学界对政治发展的定义不同，但是在一些基本目标上已经达成了共识，包括自由、平等、民主、法治、人权、效率等。

政治发展是一个长期的过程，关于人类社会政治发展的路径，马克思主义以政治革命和政治改革进行了宏观概括，认为实现政治发展的方式和路径主要是政治革命和政治改革。

---

[1]　陈振明、陈炳辉：《政治学——概念、理论和方法》，中国社会科学出版社，2004，第 379 页。

[2]　陈振明、陈炳辉：《政治学——概念、理论和方法》，中国社会科学出版社，2004，第 380 页。

[3]　李元书：《政治发展导论》，商务印书馆，2001，第 7 页。

[4]　王沪宁：《比较政治分析》，上海人民出版社，1987，第 237 页。

政治革命就是"在社会利益矛盾对抗的基础上，社会政治力量为变更政权和社会利益关系而反抗既有政治权力和政治统治的激烈活动"。① 革命能否爆发、何时爆发以及成功与否，取决于革命的主客观条件是否成熟，暴力革命和非暴力的和平过渡是政治革命的主要方式。马克思主义根据革命主体、对象、任务、动力、规模和结局的不同，把政治革命依次划分为奴隶革命、农民革命、资产阶级革命和无产阶级革命。

政治改革是指"政治系统为适应社会经济发展需要，提高政治效能，改善政治关系，巩固政治统治而进行的有计划、有步骤的自我调整和变革，其实质是统治集团对政治关系的调整"。② 政治改革的内容包括调整政治结构，改革立法、行政、司法、选举、人事制度等，政治改革需要高超的政治智慧，有两个基本策略可以选择，一是"闪电式"改革策略，二是渐进式改革策略，而且政治改革要想成功，还必须积极创造主客观条件。

政治发展环境对中国档案学的影响深远，下面将简要梳理和分析政治革命和政治改革对中国档案学的影响，希望发现一些可资借鉴的规律和启示。

二　政治革命与中国档案学

政治革命以暴力方式为主要形式，实现政治权力的更替，政治关系实现质的飞越。政治革命对中国档案学的影响主要体现在两个方面。一方面，政治革命为档案学的发展扫清了道路。因为政治革命摧毁了阻碍社会发展的政治统治，推动了整个社会的变革和发

---

① 王浦劬：《政治学基础》（第 3 版），北京大学出版社，2014，第 3 页。
② 陈振明、陈炳辉：《政治学——概念、理论和方法》，中国社会科学出版社，2004，第 393 页。

展，为科学技术、文化教育、艺术事业的发展扫清了障碍，档案学作为一门科学也必然受益；另一方面，档案以其特殊政治作用而受到政治革命主体的高度关注，这必然也影响到档案学的发展。因为政治革命一般都以暴力的方式进行激烈的权力斗争，档案是统治阶级政治权力斗争的重要武器、文治武功的历史记录以及巩固政权的历史借鉴，因此统治阶级对于档案的争夺必然十分激烈，对于档案和档案工作也极为重视，这就有力推动了档案工作的改进和提高，进而为档案学的发展奠定了良好的实践基础。这也反映出档案学与其他学科的不同之处，即受政治革命的影响很大。

古代中国政治革命和战争较为频繁，王朝经历着周期性的更替，档案工作也在中断和恢复中持续发展，战争动乱之时，档案典籍遭到了巨大破坏，比如西晋惠帝时的"八王之乱"，怀帝时的"永嘉之乱"，"惠怀之乱，京华荡覆，渠阁文集，靡有孑遗"①，南北朝时期，"宇内分崩，群凶肆祸……礼乐文章，扫地将尽"②。王朝更替完成之后，政府机构被重新整顿，档案工作也重新得到重视和恢复，文书档案管理制度也得到继承、完善和发展。古代中国档案学并未产生，只是在有关档案工作的法律、规章、制度中孕育着档案学思想，王朝之间的法律规章具有很强的延续性，因此档案学思想并未出现大的质变，一直处于经验的总结阶段，再加上档案法律法规从根本上都是以维护封建专制统治为目标的，并没有进行理论总结和升华的必要，这一时期的档案学思想并没有实现向科学理论的突破。

1911 年，辛亥革命爆发，持续 2000 多年的封建君主专制制度被推翻，资产阶级共和国性质的革命政权——"中华民国"成立，

① 《隋书·经籍志》卷一，商务印书馆，1955，第 4 页。
② 《魏书》卷八十四《儒林传序》。

这为中国档案学的产生提供了政治和制度上的保障，而且新的政府机构成立后，对档案工作给予了重视，这也为档案学的产生奠定了实践基础。

1949 年，中国共产党领导中国人民取得了新民主主义革命的胜利，中华人民共和国成立，奠定了我国档案事业发展的政治基础，为我国档案事业发展开辟了广阔的空间，也为现代中国档案学的建立和发展创造了有利的条件。中华人民共和国成立后，社会主义制度在我国逐步建立起来，国家规模的档案事业在我国迅速建立和发展并受到了空前的重视，档案学也在党和国家的关怀下实现了新生并迅猛成长。

三　政治改革与中国档案学

政治改革是统治阶级为了实现社会政治的演进和完善，和平渐进地对政治体系、政治关系的调节过程。政治改革具有两面性，亨廷顿认为，"政治发展既指积极的发展，也包含政治衰败"[1]，因此，政治改革既有成功的改革，也有失败的改革，由于政治改革的两面性，政治改革对中国档案学的影响也是两面的。

政治改革一般都是朝着对统治阶级有利的方向前进，改革之后，政治结构得到有效调整，各阶层利益关系得到协调，经济社会健康发展，政治民主化不断提升，这就为科学的发展提供了实践、人才、环境和组织上的准备，对于科学的发展能够起到有效促进作用。而且政治改革是维护政治统治、提高政治管理效率的有效途径，中国档案学的研究对象——档案现象与政治行政效能存在密切关联，文书档案具有重要的行政作用和凭证参考价值，是政治行政运行的重要工具，对于提高政治管理效率作用巨大。因此，文书档

---

[1]　陈振明、陈炳辉：《政治学——概念、理论和方法》，中国社会科学出版社，2004，第 380 页。

案及其管理往往成为许多政治改革关注或者涉及的对象，这就不可避免地对中国档案学的发展产生了影响。

（1）政治改革直接导致了中国档案学的诞生。"中华民国"时期，为了满足当时国内政治斗争以及维护资产阶级统治的需要，同时也为了解决国民政府行政效率低下、机构臃肿、人浮于事的问题，国民政府开展了"行政效率运动"，由于文书档案的重要地位及其对于提高行政效率的重要作用，该运动以文书档案改革为主要内容，行政界官员以提高机关文书档案管理效率为目标，积极进行"文书档案连锁法"的实验，改革古老的档案管理制度，在文书档案改革实践的基础上，一些行政界官员进行经验总结和理论概括，产生了大量的关于文书档案管理方面的书籍，标志着中国档案学的正式诞生。可以说，辛亥革命作为一次政治革命，它推翻了君主专制统治，为中国档案学的产生扫清了体制障碍，而"行政效率运动"作为一次政治改革则直接导致中国档案学的产生。

（2）政治改革推动了中国档案学的飞跃发展。1978 年 12 月，党的十一届三中全会召开，标志着改革开放的正式启动，改革开放促进了社会、经济、科技、文化的发展，重新确立了"解放思想，实事求是"的正确思想，提出"科学技术是第一生产力"等思想，尊重知识分子，尊重人才，这为档案学术自由发展提供了宽松的环境；而且改革开放打开了中国的国门，倡导国人走出去的同时，积极引进西方先进的思想、方法、技术和理论，大大加强了中外档案学术的交流，拓宽了档案学研究的学术视野；此外，由于档案的重要凭证价值和行政参考作用，社会改革带来的广泛需求强烈推动了档案事业的恢复和发展，档案实践的发展带来的一系列新的问题又迫切需要得到理论上的论证和解决，这就为档案学研究的发展提供了实践基础和需求。因此，中国档案学进入学科发展史上的"黄金时期"，取得了历史上前所未有的飞跃和成就。

四　关于政治发展环境影响中国档案学的启示

（一）政治发展环境关系中国档案学的稳定程度

中国档案学的成长与政治发展环境十分密切，由于中国档案学的研究对象——档案的特殊政治色彩，中国档案学受政治发展环境的影响就更为明显。从政治革命和改革对学科发展的有利方面来看，政治革命和改革为档案学的发展扫清了障碍，提供了人才、环境、组织等方面的准备，而且档案由于其特殊政治行政作用而受到政治发展环境的特殊眷顾，通过政治革命和改革，档案工作得到有效保障，这就为档案学的开展提供了良好的实践基础，档案工作和档案学也会同时得到特殊的重视和保障，档案学出现繁荣发展的局面；而从政治革命和改革对学科发展的不利方面来看，也是档案政治色彩浓厚的缘故，档案很容易成为政治革命和改革过程中权力斗争的工具而被肆意销毁、篡改或非法利用，从而使档案工作成为政治革命或改革的重灾区，档案学当然无法幸免。可见，政治发展环境既可以促进中国档案学的产生和发展，也可以将其引向毁灭。国家政治稳定，档案事业健康发展，政治改革有效成功，档案学就会繁荣，反之，档案学就会枯萎。

因此，政治发展环境关系到中国档案学的稳定程度。保持国家政治的稳定和谐，避免大规模的对外战争和对内暴力革命，统筹规划政治改革，减少改革的失误和阵痛，保持社会的稳定，推动档案事业稳步健康发展，是保障中国档案学稳定发展的重要环境条件。

（二）中国档案学有着顽强的生命力

虽然中国档案学的产生与发展与政治发展环境密切相关，中国档案学的停滞与倒退也与政治发展环境脱不了干系，但从整个发展史来看，中国档案学还是呈现一种不断前进和提升的发展趋势，这反映出中国档案学有一股强大的推动力量，它既来自档案工作发展的实践需求，也来自档案学理论工作者的主观努力，这种力量是不可抗拒的，是任何政治力量也摧毁不了的，即使摧毁了也会很快复生，并且迎来更大发展。因此，政治发展环境对中国档案学的影响虽然很大，但不可把这种影响绝对化，档案学界应适时合理地利用这种影响，将其向好的方面转化，并尽量减小不利影响对中国档案学的冲击，遵循学科发展规律，实现中国档案学的良性健康发展。

第二节　政治制度环境对中国档案学的影响

一　政治制度的要素及其对科学的作用

政治制度是统治阶级为了维护其政治统治而对政权进行组织的方式和原则的集合。政治制度纷繁复杂，但主要的构成要素包括国家阶级性质、政权组织形式、国家结构形式、公民地位、政党等。其中国家阶级性质又称国体，指的是在国家中哪个阶级占统治地位，哪个阶级处于被统治地位，人类有史以来的国体可以分为奴隶主阶级专政、地主阶级专政、资产阶级专政和无产阶级专政四种类型；国家政权组织形式又称国家政体，指的是统治阶级如何组织政权来维护自己的统治，马克思主义以国体为基础划分政体，将政体分为君主制和共和制两种类型，在阶级社会，君主制又可以分为专制君主制和立宪君主制，共和制又可以分为议会制和总统制，在社会主义国家，政体一般是民主共和制；国家结构形式指的是中央权力机关与地方权力机关之间关系的构成方式，可以分为单一制和复合制两种类型；公民是"参与公共事务从而在政治国家中具有自主性的个人"①，公民政治权利包括决定公共事务、担任国家公职、监督制约国家权力、联合行动和知政五个要素；政党"是特定阶级利益的集中代表者，是特定阶级政治力量中的领导力量，是由各阶级的政治中坚分子为了夺取或巩固国家政治权力而组成的政治组织"②，可以分为资产阶级政党和无产阶级政党两种类型。

政治制度环境对科学发展具有明显的制约作用。政治制度环境既可以保护科学的发展，也可以损害科学的发展。政治制度不同，对科学的作用也就不同。古代封建政治制度保守落后，统治阶级为了维护自身阶级利益和统治需要，反对各种形式的改革，没有发展科学的内在要求，因此严重阻碍了科学的发展；资本主义制度为了巩固统治的需要，在某些时期会"有条件地促进科学的发展"③；社会主义政治制度对科学发展具有巨大的促进作用，科学得到飞速发展。

中国档案学作为一门科学，从其孕育、产生到发展至今都受到政治制度环境的深刻影响。现就政治制度环境对中国档案学的影响进行简要历史梳理和分析，并提出一些思考和启示供学界借鉴。

二　古代政治制度环境与中国档案学（思想）

中国档案学思想早在先秦时期就开始孕育，迄今已有 2000 多年，其间我国在档案管理、档案保护、档案文献编纂等领域积累了丰富的实践经验并蕴含相关的档案学思想，甚至一些档案工作成就和档案学思想还一度领先于其他国家，但这些档案学思想始终没有发展成为系统的档案学理论，中国档案学始终没有破壳而出，这与

① 陈振明、陈炳辉：《政治学——概念、理论和方法》，中国社会科学出版社，2004，第 150 页。
② 王浦劬：《政治学基础》（第 3 版），北京大学出版社，2014，第 210 页。
③ 董驹翔：《简论政治对自然科学发展的作用》，《齐齐哈尔师范学院学报》1988 年第 4 期。

封建政治制度的束缚有着直接的关联。

中国古代封建政治制度主要表现为四大特征，"一是实行中央集权制度，二是绝对的君主专制统治，三是庞大的官僚机构，四是私人领域完全被公共领域所覆盖"①。在这种政治制度环境的影响下，中国古代档案的地位、内容、分类、管理、利用等必然受到严格的控制和干预，"中国古代档案事业史深深打上了古代政治史的烙印"②。中国古代档案事业受政治制度的影响和规制是很大的，蕴含于档案管理与利用制度中的中国古代档案学（思想）也不能不受到政治制度的影响而带有浓厚的政治色彩。

（一）古代档案受到统治者的高度重视

档案具有重要的原始记录和凭证价值，是开展专制统治的重要工具，是"治国之利器""插在鞘里的宝剑"，是为维护封建统治阶级利益服务的。因此，封建统治者特别重视档案和档案管理，这体现在了许多方面，如档案记录载体一开始包括甲骨、青铜器、丝帛等，非常珍贵；记录的内容也十分重要，包括征战、祭祀、结盟、起居注、实录等；文书档案的体式也有严格规定，包括抬头制度、避讳制度等；封建官僚体制中设立了专门的档案机构，而且随着封建王朝的更替和强化而不断更新、加强与完善。

（二）古代政治制度对档案管理思想的影响

古代档案管理制度中蕴含大量档案学思想萌芽，但其实质是以维护封建统治为宗旨，受封建专制制度以及宗法制度所控制。比如，清朝的一案一卷制度规定把同一事件所形成的全部档案，依照

---

① 孙关宏、胡雨春、任军锋：《政治学概论》（第 2 版），复旦大学出版社，2011，第 69 页。

② 李伟山：《古代中国档案事业发展的政治探源》，《贵州社会科学》2006 年第 2 期。

一定顺序，粘连成帙，并于接缝处钤盖印信，组成卷宗，《吏律公式》规定："凡审理词讼衙门，……于结案后，即令该吏将通案犯证、呈状、口供、勘语，粘连成帙，于接缝处钤盖印信"①，这是一种档案立卷思想的创新，但当时采用此制度的初衷是为日后利用时方便政府查核，又不会因零散丢失或被人抽换、隐匿，该制度的背后具有深刻的政治目的；再如，唐朝著名的档案鉴定销毁制度——"三年一拣除"制度，即"文案不须常留者，每三年一拣除"②，这是中国古代档案鉴定销毁制度的起源，对于后世档案学鉴定思想的形成与发展具有重要影响，但这种鉴定制度的初衷是为了降低当时的行政成本，提高政府决策效率，最终为封建统治阶级服务。

（三）古代政治制度对档案利用思想的影响

古代档案利用以发展和强化专制统治为中心，体现了严格的档案管控思想。古代档案利用受到严格限制，宋朝规定，凡"检用"档案时，要委派官员一人，监视出入，并要有监官规定时限；归还时主管监官要清点，注明归还日期。至于机密档案，除"职事"官员外，一般官员不得借用。古代档案只向统治阶级内部成员和皇室提供利用，不对平民开放。石渠阁、后湖黄册库、皇史宬、内阁大库等"石室金匮"的封闭保存理念体现了一种狭隘的"秘而不宣"的利用思想，使古代中国档案工作和档案学思想也保持了一种封闭态势，这种封闭的档案意识和思想对于后世中国档案工作和档案学的发展也产生了深刻的影响。

（四）古代政治制度对档案文献编纂思想的影响

我国古代档案学思想还体现在另一个重要领域——档案文献编

---

① 《清律例汇纂大成》卷七《吏律公式》。
② 长孙无忌等《唐律疏议》卷一九《贼盗·盗制书及官文书》，刘俊文点校，中华书局，1983，第351页。

纂领域，这与古人丰富的档案文献编纂实践是分不开的，比如孔子编《六经》、司马迁编纂《史记》、唐代史馆对档案的编研利用及谱牒的修撰、司马光编纂的《资治通鉴》、郑樵编著的《通志》、明清利用档案编纂皇帝实录以及典章制度等，丰富的档案文献编纂实践蕴含大量的档案文献编纂思想，为我国档案文献编纂学的发展提供了大量的经验和知识积累。

我国古代档案文献编纂实践如此发达，与封建统治者的高度重视是直接相关的，这种重视极大地促进了档案文献编纂实践的繁荣。首先，统治者积极为档案文献编纂实践提供制度、人力、物力的保证，保证档案文献编纂的有序进行。比如，唐太宗李世民时代建立正式设馆修史制度，贞观三年（629年）李世民改组史馆，建立制度，把史馆移到皇帝直接控制的门下省，统由宰相领导，这样我国历史上设馆修史制度正式确立并一直沿袭到清朝，直到民国未变。其次，对档案文献编纂工作进行干预和控制。由于起居注、实录等国史档案文献编纂事关皇帝个人的名誉以及统治集团的利益，因此统治集团必定对档案文献编纂进行干预和控制，以尽可能维护其统治利益，如此档案文献编纂就会出现曲笔伪饰的现象。

统治阶级对档案文献编纂实践的介入体现在档案文献编纂思想上，那就是政治第一的原则，档案文献编纂的最终目的便是探讨兴亡成败的经验教训，为统治阶级提供历史借鉴，以制定和修正政治措施，同时褒扬善人善事，贬斥恶人恶事，宣扬伦理道德，教化臣民，即唐太宗李世民给档案文献编纂所规定的政治原则——"极为治之体，尽君臣之义"①。

总之，我国古代档案学思想主要体现在一些有关档案管理和利用工作的律令、规章制度中以及一些档案文献编纂实践中总结的文

① 刘太祥：《论中国传统史著编纂的政治原则》，《南都学刊》（哲学社会科学版）1996年第1期。

献编纂思想中，它们受到了封建君主专制制度以及宗法制度的严密控制，导致档案学思想始终处于实践经验的总结阶段，在整个古代，中国档案学始终处于孕育时期。

三 近代政治制度环境与中国档案学

1911 年，辛亥革命爆发，持续 2000 多年的封建君主专制制度被推翻，"中华民国"成立，它是代表资产阶级利益的共和国家。国民党统治时期，文书档案工作有所发展，国民党政府建立了许多专门的档案管理机构，而且制定了许多档案管理制度，包括文书档案的登记、分类、立卷、检索等，但仍然不能适应统治的需要。面对国内激烈的政治斗争和阶级斗争形势，国民政府为了强化政府统治、提高行政效率，发起了"行政效率运动"，以文书档案改革运动为主要内容，这是一场资产阶级的档案改革运动，国民政府许多机构都参与进来，在运动过程中，行政界的人士积极改革文书档案管理实践，推广"文书档案连锁法"，提出了一系列代表资产阶级利益的加强档案工作的主张，出版了大量介绍有关档案管理经验和方法的著作，标志着中国档案学的诞生。

这一时期的档案学已经发展为一个初步系统的知识体系，与我国古代档案学思想相比是一个巨大的飞跃，这与当时政治制度的改变以及政治形势的发展是密不可分的，如果国民政府不是出于维护资产阶级统治的目的开展一场"行政效率运动"，中国档案学就不会如此迅速地产生。因此，中国档案学在其产生之时就与政治制度有着不解之缘，"从一开始，中国档案学就包含了政治和学术两种因素。而且，政治因素始终居于主导地位"①。政治制度因素催生了中国档案学，近代档案学带有鲜明的为资产阶级服务的色彩和本

---

① 王李苏、周毅：《回顾与展望——对我国档案学发展的历史考察》，《上海档案》1988 年第 6 期。

质，是一种资产阶级档案学。具体表现在以下三个方面。

（1）"行政效率运动"的目的是提高政府行政效率，加强资产阶级统治，维护资产阶级利益，服务于国内尖锐激烈政治斗争的需要，这也是它能够开展的根本政治原因，而档案学正是适应着这一需要产生和发展的。

（2）档案改革的内容反映了资产阶级要求公开、统一、科学的要求。所谓公开，就是要废除封建军阀把持案卷的旧习以及世袭师承的分类方法；所谓统一，就是全国各个机关的档案分类实现统一，消除使用的障碍；所谓科学，就是要求档案分类检索能够逻辑严密、准确合理，实现调阅迅速，不凭记忆和个人经验。这是对古代档案管理方法的摒弃和革命，与封建社会的档案管理方法相比，显然是巨大的进步，反映了维护资产阶级的统治利益的政治本质。

（3）文书档案改革运动是从行政机关开始的，所以当时档案学研究的重点就是机关档案室的档案管理，对于档案馆的研究却很少，虽然当时也有学者提出要建立国家档案库，但是从当时政治形势和档案工作水平来看，这是不可能完成的任务。因此，当时中国档案学的研究仅仅停留在机关档案室的研究层次上，缺乏对档案馆的研究，这也是档案管理的核心原则——来源原则在民国时期迟迟得不到广泛推行的主要原因，这直接影响到了近代中国档案学的研究水平。

总之，近代政治制度环境推动了中国档案学的诞生，但由于受到当时行政改革水平和程度的限制，档案学研究停留在机关档案管理学的层次上，大多是改革经验的简单概括和总结，真正的档案馆理学并没有建立。

四　现代政治制度环境与中国档案学

1949 年，中华人民共和国成立，中国共产党领导的人民民主专政的社会主义制度在我国逐步确立，在党和政府的高度重视下，具有国家规模的档案事业迅速在我国建立起来，这一时期档案事业的特点集中表现在它是与我国社会主义政治制度紧密协调和适应的。

（1）国家档案全宗和集中统一管理思想充分体现出了社会主义档案工作的特点。国家档案全宗指的是由国家所有和管理的全部档案的总和，这是社会主义国家所特有的档案管理制度。我国国家档案全宗也称为"国家全部档案"，1956年国务院印发《关于加强国家档案工作的决定》，指出国家全部档案包括中华人民共和国成立后的档案、革命历史档案、旧政权档案等。1959年中共中央《关于统一管理党、政档案工作的通知》的颁布及其实施，充实和发展了我国国家档案全宗的思想，即国家行政机关档案、中国共产党和共青团档案等都统一纳入国家档案全宗进行管理。另外，《关于加强国家档案工作的决定》还规定了我国档案集中统一管理的原则，即各级机关的档案应当统一集中交由机关档案室管理，各机构的档案需要永久保存的部分，需要统一集中到档案馆进行管理，任何个人和组织不得拒不移交档案。这一文献明确了有关档案的社会主义国家所有制和国家档案的集中统一管理。

（2）社会主义制度决定了我国档案工作的基本原则。《中华人民共和国档案法》规定了我国档案工作的基本原则，即档案工作实行统一领导、分级管理的原则，维护档案完整与安全，便于社会各方面的利用，我国社会主义制度的优越性，为实行档案工作统一领导、分级管理创造了极为有利的客观条件。

可见，我国的档案事业是与我国社会主义政治制度相适应的，它有许多自己的特色和优势，这是与资本主义档案事业和档案工作的根本区别所在，资本主义档案事业受到政治制度和档案所有制的限制，不可能实现真正彻底的集中统一管理，这些在我国可以真正地做到和实现。

以我国档案事业为基础建立起来的中国档案学也必然具有鲜明的社会主义特点，吴宝康将其称为"具有中国特点的社会主义档案学"①，社会主义政治制度对中国档案学的影响是深刻的，陈祖芬认为，社会主义制度的建立直接导致了我国档案学研究范式进入常规科学时期②，其原因在于中华人民共和国成立和社会主义制度的确立使得档案实现了集中统一管理，全国规模的档案馆体系得到建立，这样全宗理论得以在我国广泛推行。因此社会主义政治制度的建立是我国档案学实现蜕变、进入常规科学阶段的根本原因。

五　政治制度环境影响中国档案学的启示

（一）政治制度环境关系中国档案学的学科面貌

政治制度环境与中国档案学的发展存在密切关联，政治制度环境对中国档案学的发展具有强烈的制度规定性，档案学的发展都处于一定的社会政治制度环境中，都以维护当时统治阶级利益为根本目的，因此，不同政治制度下档案学的立场、观点、学科面貌等就会存在差异。比如，封建政治制度下的档案事业以维护封建专制统治为根本目的，档案学思想主要蕴含在档案管理制度和法律规章以及档案文献编纂思想中，没有上升为科学的必要；近代资本主义制度中，国民政府为了提高政府行政效率，满足国内政治斗争和国民政府统治的需要，开展了一场"行政效率运动"，这直接导致了中国档案学的诞生，但由于受到当时行政改革水平和程度的限制，中国档案学局限为机关文书档案管理学；现代社会主义制度下，中国档案学以国家规模档案事业的需要为基础，服从和服务于新中国的革命建设和生产建设，档案学形成了完整的学科体系并取得了前所未有的重要发展。总之，档案学总是"直接或间接反映统治阶级的

---

① 吴宝康：《档案学理论与历史初探》，四川科学技术出版社，1986，第214页。
② 陈祖芬：《档案学范式的历史演进及未来发展》，世界图书出版公司，2010，第76页。

要求和愿望，并为其社会政治制度服务"①，政治制度环境关系中国档案学的学科面貌。

（二）中国档案学研究应当注重政治制度环境的影响

中国档案学研究不应仅仅停留在技术方法的讨论上。殷钟麒曾经有言，"乃一般改革档案管理者，大都舍行政而言技术，盖以技术为本，行政为末，殊不知徒法不能以自行，有良好之行政，良好之技术，始有表现之机会"②，殷钟麒认为改革档案管理仅讨论技术和方法是不对的，它忽略了一个重要的根本，那就是行政，先讨论行政，档案管理技术和方法才有用武之地。可见，政治和行政是档案管理的根本，档案学研究不能脱离政治和行政而仅仅探讨技术和方法，它与政治制度有着深刻关联。

不考虑我国政治制度环境而盲目照搬西方档案学理论是不理性的。虽然档案学是一门科学，它的一些基本原理在世界各国都是通用的，对各国档案工作实践都有指导和规范作用，但政治制度环境对档案学的影响还是深刻而明显的。国与国之间存在不同的政治制度和文化，其档案工作实际也存在很大的不同，反映到档案学理论上也必然存在很大的差异。因此，在学习和引进西方档案学理论的时候，应该充分考虑政治制度环境差异造成的理论适用性问题。比如前些年学界有关档案工作者社会责任的争论③中，姜龙飞与孙观清争论的一个根源便是不同政治制度下档案工作存在差异，这启示学界对待西方的一些档案学理论不可盲目照搬和仿效，应该充分考虑不同政治制度下的理论差异和适用性，否则很容易把我国档案工作引入歧路。

---

① 陈永生：《档案学论衡》，中国档案出版社，1994，第285页。
② 吴宝康：《档案学理论与历史初探》，四川科学技术出版社，1986，第188页。
③ 姜龙飞：《挑战过了头，一定会被拒绝——回应〈再谈文件档案工作者的社会责任〉及其作者》，《档案学通讯》2008年第6期。

（三）政治制度环境关系中国档案学的自由程度

政治制度越落后，档案学受到的限制就越大，政治制度越先进，档案学术就越发自由和繁荣。比如我国古代档案学思想主要体现在一些有关档案管理和利用工作的律令、规章制度中以及一些档案文献编纂实践中总结的文献编纂思想中，它们受到了封建君主专制制度以及宗法制度的严密控制，导致档案学思想始终处于实践经验的总结阶段，没有上升为系统的档案学理论。

第三节　意识形态环境对中国档案学的影响

一　意识形态与科学的关系辨析

意识形态是"特定阶级从自身的利益和地位出发，以维护、加强或推翻一定的阶级统治为目的，在对社会关系进行认知的基础上形成的思想体系，表现为哲学、宗教、伦理、政治、法律、道德、经济思想等一系列形式"[①]。意识形态垄断了政治共同体成员对生命意义和政治价值的理解，马克思曾经指出："每一个力图取得统治的阶级……都必须首先夺取政权，以便把自己的利益说成是普遍的利益。"[②] 意识形态能够能动地作用于生产关系及上层建筑，为统治合法性进行辩护，维系政治团体内部的团结。意识形态有很多分类方法，其中最主要就是阶级属性分类法，意识形态可以分为奴隶主阶级意识形态、封建地主阶级意识形态、资本主义意识形态、社会主义意识形态等，体现了意识形态鲜明的阶级性。

意识形态与科学技术的关系是意识形态争论中的一个焦点。学

---

① 陈振明、陈炳辉：《政治学——概念、理论和方法》，中国社会科学出版社，2004，第476页。
② 《马克思恩格斯文集》第1卷，人民出版社，2009，第536~537页。

界目前存在两种截然对立的观点,一种是"等同论",即科学技术等同于意识形态,代表性人物有特拉西、霍克海默、马尔库塞、哈贝马斯等;另一种是"对立论",即科学技术对立于意识形态,代表性人物有帕累托、阿尔都塞等。这两种观点都是错误的,等同论夸大了科学与意识形态的关系,忽视了意识形态反映阶级利益的一面,而对立论虽然看到了两者的差别,但是却把两者截然对立起来。马克思主义经典作家认为,意识形态与科学既有联系又有区别,应该辩证地看待。

从两者区别来看,意识形态表现为反映特定阶级社会地位和根本利益的哲学、宗教、道德、美学等一系列形式,它们虽然也具有系统性和知识性特征,但在阶级社会里,意识形态具有鲜明的阶级性特征,反映特定阶级的利益。而科学是一种体系化的知识,是对客观世界正确理性的认识。因此,马克思主义经典作家"没有把科学归入意识形态的范畴,而是将它归入生产力的范畴"[1]。

虽然,科学与意识形态存在明显区别,但这不等于两者之间没有关联。科学史研究表明,科学与意识形态之间是相互交织在一起的,两者之间相互影响甚至经常处于或明或暗的冲突之中。因为意识形态是为了特定阶级的利益所服务的,因此,意识形态必然对科学的发展进行干预,制约着科学的发展,比如许多科学理论的发现、论证、修改、检验等都受到意识形态的影响和制约;反过来,科学理论的发展也可以对意识形态的内容和形式产生影响,比如科学发展可以推动人们对于宗教观、道德观、伦理观、世界观等方面的认识。有些时候,科学也可以被统治阶级的意识形态所利用,用于论证政治制度的正确性。

中国档案学作为一门科学,意识形态环境对它有什么影响呢?

---

[1] 陈振明、陈炳辉:《政治学——概念、理论和方法》,中国社会科学出版社,2004,第483页。

学界从中可以得到什么启示呢？下面将按照历史线索尝试对这一问题进行探讨。

二　古代封建主义意识形态与中国档案学（思想）

古代中国主要经历了原始社会、奴隶社会、封建社会三个阶段。在原始社会和奴隶社会阶段，意识形态领域主要体现为一种宗教神学意识形态，人们对自然力量和社会力量的压迫难以理解，就把希望寄托在宗教神学上，因此祭祀占卜活动盛行，反映到档案领域就体现在档案是祭祀占卜的重要载体，比如商代的甲骨档案，其实质就是商代统治者祭祀占卜的工具，再比如，周代的记载在青铜器上的铭文档案，也是奴隶主阶级祭祀以及盟誓的记录载体。这一时期档案学并没有形成，但宗教神学意识形态对档案工作却产生了深刻影响，即档案载体十分珍贵，比如甲骨、青铜器等，掌管文书档案的官吏的地位极高，他们大多为神职人员，受到特别的尊重和礼遇。

进入封建社会，以儒家学说为核心的封建意识形态占据主流地位，这是一种伦理道德类型的意识形态，其基础是宗族血缘关系以及小农经济，血缘关系注重尊卑有序，长幼有别，而小农经济的特点是依靠经验的传授，自给自足，比较封闭保守，这就为儒家思想的繁荣和发展提供了现实需求，经过不断发展，儒家学说建立起了以"三纲五常"为基本架构的政治伦理体系，成为中国封建社会占统治地位的意识形态。这种强调伦理道德的封建意识形态对档案工作也产生了深刻影响，具体表现有：档案机构封闭保守，档案利用受到严格限制；档案管理规章制度严格规范；档案管理人员的任用实行世袭制，父传子，依靠经验管理档案，造成把持垄断案卷的现象长期存在；同时维系家族和皇族谱系血缘的谱牒档案异常繁荣；而且统治阶级为了进行道德教化以及以史为鉴，大力进行编史修志，档案文献编纂工作异常发达并长盛不衰，孕育出不少档案文献编纂思想。

　　总之，古代封建主义意识形态为了维系君主专制统治和封建宗法制度，对档案工作进行了严格控制和规范，档案工作始终停留在经验的积累和总结阶段，迟迟没有上升为理论的需求和必要，成为中国档案学诞生的严重障碍。虽然我国古代也出现了一些档案文献编纂思想，但从根本上说，这也是封建主义意识形态引导下以维护封建统治为目的的产物。

三　近代资本主义意识形态与中国档案学

　　近代以来，中国意识形态领域面临全面危机，"封建大一统王朝的解体、家族宗法制度的式微从根本上动摇了传统儒家意识形态的基础"①，这时候，西方资产阶级的人性人权意识形态思想逐渐传入中国，"天赋人权""社会契约""三权分立"的观念和思想广泛传播。但令人遗憾的是，辛亥革命后的资产阶级是软弱的，并没有真正成为统治阶级，孙中山的"三民主义"虽然可以看作国民党的意识形态，但是却被内部派系在争权夺利中肢解，导致内涵不够准确和统一，运用也不够严肃，"以蒋介石和戴季陶为代表的三民主义在建构上具有保守性、垄断性和法西斯化的特点"②。三民主义的保守性体现在，蒋介石将儒家伦理道德与三民主义融为一体，和追求民主自由的时代精神格格不入；垄断性体现为国民党实行一党独裁，不允许其他意识形态的存在；法西斯化体现在蒋介石在掌权之后，扩张权力界限，大力鼓吹法西斯意识形态，将三民主义法西斯化。陈振明等认为："资产阶级意识形态作为统治阶级利益的表现，

---

①　徐舒映：《民国时期的意识形态格局》，《聊城大学学报》（社会科学版）2009 年第4 期。

②　李庆华、李玉英：《论民国时期（1924—1949）国民党三民主义意识形态的缺陷》，《山东青年政治学院学报》2011 年第 1 期。

它对待科学远非是客观中立的，它与科学经常发生矛盾。"① 近代资本主义意识形态环境对近代中国档案学产生了不小的影响。

（1）近代资本主义意识形态使早期中国档案学具有较强的政治目的性。早期中国档案学不是按照学科发展的正常规律自然产生的，而是在国民政府开展的一场"行政效率运动"的过程中"意外"产生的，这场运动在国民党意识形态的指引下具有明确的政治行政目的，那就是提高行政效率，维护国民党的专制统治，"行政效率运动"的主要内容是文书档案改革，重点是推行作为近代中国档案学重要创新的"文书档案连锁法"，打击封建卷阀，实现机关文书档案的高效运作，提高机关办事效率。这一运动虽然客观上直接导致了中国档案学的诞生，但新生的中国档案学在学科形态上却带有明显的政治行政色彩和烙印。

（2）近代资本主义意识形态使中国档案学的学科体系发展受限。受国民党三民主义意识形态保守性的影响，中华民国并未实现真正的民主与自由，档案机构只是国民政府内部各机关的服务机构，它们各自为政，缺乏统一指导，档案开放更无从谈起，与民主自由的目标相去甚远。因此，近代中国档案学仅仅局限为机关文书档案管理学，只是一些局部经验的个人总结，也没有从全国的层面着眼进行档案馆建设与研究的必要，理论层次不高，深度不够。

总之，在近代资本主义意识形态的影响下，中国档案学在产生初期是以提高政府行政效率、维护资产阶级统治为根本目的的，学科目的和形态受到了意识形态的限制和制约。

四 现代社会主义意识形态与中国档案学

1949 年，中华人民共和国成立，社会主义制度在我国逐步建

---

① 陈振明、陈炳辉：《政治学——概念、理论和方法》，中国社会科学出版社，2004，第 484 页。

立，马克思主义成为国家主流意识形态。马克思主义是一种规律真理类型的科学意识形态，它"以事物发展的客观规律和普遍真理为认识对象，认为事物和人类社会的发展是存在自身规律的，规律是可以认识的"。① 马克思主义把空想社会主义由理想变为科学，它对人类社会发展规律做出了科学的预见，与整个社会的发展要求相一致，符合人类的根本利益。

马克思主义与科学在根本上是统一的，马克思主义为科学发展营造了良好的精神文化环境，也为科学发展注入了巨大活力，"它对科学的影响主要表现在对科学家世界观、方法论、认识论的影响方面"。② 马克思主义对科学的这种影响也必然反映到中国档案学上来，现代中国档案学受到马克思主义意识形态的深刻影响。

马克思主义意识形态推动了现代中国档案学的创造性发展。中华人民共和国成立后，社会主义意识形态——马列主义、毛泽东思想对现代中国档案学的影响是深刻而又巨大的，它成为我国建设发展档案学的指导思想和主要经验，成为最高层次的档案学方法论，档案学者运用马克思辩证唯物主义和历史唯物主义的有关原理并结合我国档案工作的实际，探讨和研究档案学中的理论与实践问题，比如档案的概念和本质，档案工作收集、整理、鉴定、统计、保管、利用等六项工作环节的关系，档案工作的矛盾问题，文件档案的运动规律等，马克思主义使中国档案学克服了受中华人民共和国成立前旧档案学的影响而存在的单纯研究技术方法的现象，"避免了资产阶级唯心主义观点、形而上学观点、客观主义观点、非历史主义观点、修正主义观点、教条主义观点以及各种'左'的和右的错误思想影响"③，使得中国档案学的理论水平、思辨能力以及预见

① 朱兆中：《意识形态的学术分类初探》，《上海行政学院学报》2006年第11期。
② 陈振明、陈炳辉：《政治学——概念、理论和方法》，中国社会科学出版社，2004，第483页。
③ 吴宝康：《档案学理论与历史初探》，四川科学技术出版社，1986，第122页。

性大大提高，中国档案学走上了理论研究与技术方法相结合的发展道路，实现了迅速的创造性发展。吴宝康认为，"社会主义档案学的创造性发展是马列主义、毛泽东思想在档案科学领域里的胜利"①。

五 意识形态环境影响中国档案学的启示

通过历史梳理可以看出，意识形态环境对中国档案学的影响是深刻而又巨大的，这种影响主要表现在档案学术研究的政治方向上。古代封建主义意识形态以维护封建君主专制统治和宗法关系为根本目的，档案工作受到严格控制，古代档案学（思想）也带有较浓厚的封闭性和保守性色彩；近代资本主义意识形态使中国档案学在产生初期就具有较强的政治目的性，即以提高政府行政效率、维护资产阶级统治为根本目的，而且三民主义的保守性使中国档案学局限为机关文书档案管理学，理论层次不高；现代社会主义意识形态成为我国建设发展档案学的指导思想和最高层次的研究方法，推动了我国现代档案学的创造性发展。

尉健行认为，"我国社会科学要想保证正确的政治方向，必须以马列主义、毛泽东思想、邓小平理论为指导"②，吴宝康认为，"社会主义档案学以马列主义为指导，使档案学具有了党性"③。马克思主义意识形态与中国档案学不但不冲突，反而是相互融合和促进的，今后档案学界仍然应该以马克思主义辩证唯物主义和历史唯物主义理论为指导，开展中国档案学的理论研究工作，绝不搞指导思想的多元化，而且要注意把马克思主义普遍原理与中国档案工作的实际相结合来开展档案学术研究，坚决抵制歪曲或否定马克思主

---

① 吴宝康：《档案学理论与历史初探》，四川科学技术出版社，1986，第213页。
② 尉健行：《坚持正确政治方向，繁荣发展首都社会科学事业》，《中国特色社会主义研究》1996年第5期。
③ 吴宝康：《档案学理论与历史初探》，四川科学技术出版社，1986，第120～121页。

义意识形态作为档案学指导思想的各种"左"的和右的思潮和行为，保证中国档案学研究的正确政治方向。

第四节　政策行政环境对中国档案学的影响

一　政策行政的内涵及其作用

20 世纪 60 年代末，政策研究成为政治学研究的一个新热点，而且形成了政治学一个新的分支学科——政策科学。关于政策的定义，学界众说纷纭，比如美国学者伍德罗·威尔逊（Woodrow Wilson）认为："政策是由政治家即具有立法权者制定的而由行政人员执行的法律和法规。"[①] 詹姆斯·E. 安德森（James E. Anderson）认为："政策是一个或一批行为者为处理某一问题或有关事务而采取的一个有目的的活动过程。"[②] 陈振明认为："政策指的是政党、行政机构或者其他政治组织为了达到一定的政治、经济、文化目的所推行的策略、方针、律令、制度、规章、办法等行为准则的总称。"[③] 公共政策具有权威性、时效性、针对性、强制性等特征，它可以用来"维护生产关系和经济制度，指导和规范社会生活，调节各种利益关系"[④]，政策具有正确和错误之分，正确的政策符合社会发展规律，顺应民心民意，能够有效促进国家社会发展，而错误的政策则违背社会发展规律，给国家、社会、公众利益带来巨大损害。政策可以分为政治、经济、社会和文化政策四种类型，其中，与科学关系最密切的是隶属于文化政策的科技政策，它是国家对科

---

① 伍启元：《公共政策》，商务印书馆，1989，第 4 页。
② 〔美〕詹姆斯·E. 安德森：《公共决策》，唐亮译，华夏出版社，1990，第 4 页。
③ 陈振明：《政策科学——公共政策分析导论》（第 2 版），中国人民大学出版社，2003，第 50 页。
④ 陈振明、陈炳辉：《政治学——概念、理论和方法》，中国社会科学出版社，2004，第 283 页。

技事业的规划和发展，是为了促进科技进步而制定的指导原则和规范。

行政理论最早从政治学中独立出来始于美国，1887年，伍德罗·威尔逊发表了《行政学之研究》一文，主张建立行政科学，研究欧洲文官制度，提高政府行政效率，这被认为是美国行政学研究的开山之作。在西方，行政学产生之后大致经历了三个发展时期，第一个时期是科学管理研究时期，始于1911年，代表人物有怀特（Leonard D. White）、魏洛比（William F. Willoughby）、马克斯·韦伯（Max Weber），研究重点在于行政管理合理化、制度化、效率化与标准化；第二个时期是行为科学研究时期，始于1933年，代表性人物是西蒙（Herbert A. Simon），包括行政管理研究方法理论、决策理论、行政组织及其决策技术的实际研究等；第三个时期是系统权变研究时期，始于20世纪60年代前后，代表人物有罗森茨威克（J. E. Rosenzing）、米勒（J. G. Miller）等，主张用综合的、全面的、相互关系的视角来看待组织现象，同时强调组织管理的具体特定特征，即权变管理思想。① 行政学理论认为："行政是国家政府机关在执法过程中，为了实现管理需要而对各项活动按照一定的程序和方法进行的执行、管理和控制等活动。"② 行政活动在国家、社会和组织发展中具有重要作用和功能，这些功能包括计划决策功能、组织指挥功能、协调沟通功能、控制监督功能、维持发展功能等。

吴宝康认为："任何认为我们档案工作和档案学的研究工作与党的路线、方针、政策无关的思想认识都是不对的。"③ 中国档案学的政策行政环境是指中国档案学产生发展过程中所经历的国家行政活动以及外部政策，它是中国档案学产生发展的主要外部环境，对

---

① 杨继昭、李桂凤、王金：《行政管理基础》，中国人民大学出版社，2005，第10页。
② 夏书章、王乐夫、陈瑞莲：《行政管理学》（第4版），中山大学出版社，2008，第1页。
③ 吴宝康：《档案学理论与历史初探》，四川科学技术出版社，1986，第221页。

于中国档案学的发展具有重要影响。陈祖芬从范式论的角度认为，"先进的政策可以触发先进的学科范式，而落后的、错误的政策则会导致学科范式的停滞或倒退"①。因此，政策行政环境对中国档案学的影响无非也表现在两个方面——推动或者阻碍，即科学的政策以及合理的行政活动能够促进中国档案学的发展；而错误的政策和行政活动能够阻碍中国档案学的发展。下面将对政策行政环境对中国档案学的影响从正反两方面进行概要梳理，并对这种影响及其启示进行分析和思考。

二　政策行政环境对中国档案学的推力

政策行政环境对中国档案学的推力是巨大的，这种推力主要有以下表现。

（一）国家利好政策环境与中国档案学的发展

中国档案学发展的国家政策环境包括国家为发展档案事业或档案学而制定出台的一系列路线、方针、政策、法律、法规、行政规章等，大多政策都是在充分调查论证的基础上结合我国档案事业的实际颁布实施的，要么有力地推动了档案事业的发展，间接对档案学理论发展提出了实践需求；要么直接推动了档案学的发展。

民国时期南京临时政府就开展了公文制度改革，健全国家机关的档案管理机构，出台一系列档案管理制度规范，提高了机关档案工作的实践管理水平，不断发展的档案管理实践呼唤着中国档案学的诞生。

中华人民共和国成立后，档案事业受到了党和国家前所未有的高度重视，国家出台了大量有关档案事业的路线、方针、政策、法律、法规、行政规章、办法、条例、标准，极大促进了档案事业和

---

① 陈祖芬：《档案学范式的历史演进及未来发展》，世界图书出版公司，2010，第77页。

档案学的发展。比如，提出"百花齐放、百家争鸣"方针，促进学术自由发展；1954 年国务院成立国家档案局，领导全国档案事业；1956 年出台《关于加强国家档案工作的决定》，集中统一管理全国档案；1959 年发布《关于统一管理党政档案工作的通知》；1959 年发布《关于进一步加强技术档案工作的报告》，开始建构科技档案管理工作及其相应的理论和学科；1980 年发布《关于开放历史档案的几点意见的通知》，拉开了档案向社会开放的序幕，也促进了档案学尤其是档案文献编纂学的理论进展；1987 年颁布《中华人民共和国档案法》；2004 年出台《关于加强信息资源开放利用工作的若干意见》等。

利好政策对中国档案学的影响不仅表现在为中国档案学提供良好的外部环境和促进力量，而且许多政策本身就是档案学理论研究的结果，实际上也是我国档案学研究的指导思想和理论基础，可以将其称为档案政策理论，属于档案学理论的一个组成部分。比如《关于加强国家档案工作的决定》中的档案集中统一管理原则以及《关于统一管理党政档案工作的通知》（1959 年）中的党政档案工作统一管理的原则，这既是一种工作原则，也是对社会主义档案学集中理论的创造性发展，在档案学研究中具有重要理论指导意义。再如，《关于加强国家档案工作的决定》提出的文书处理部门立卷原则，既是我国文书工作和档案工作的一项根本改革，同时也是对社会主义档案学理论的创造性发展。可见，档案工作原则、方法、政策和档案学理论并没有严格界限，两者在很多时候是合二为一、不分你我的，这一点在档案学应用理论方面表现得更加明显，一些档案工作原则、政策本身就闪耀着档案学应用理论的光芒和色彩，这是中国档案学的一个特色。

（二）国家利好行政环境与中国档案学的发展

行政是对政策的执行。中国档案学发展的行政环境是档案学形成与发展的外部行政背景或国家为发展档案学而采取的一些直接行政作为。下面将从中华人民共和国成立前和成立后两个阶段进行简要分析。

1."行政效率运动"与中国档案学的诞生

中华人民共和国成立前，要讨论国家利好行政环境对中国档案学的影响当然绕不开那场著名的"行政效率运动"，因为这场运动直接导致了中国档案学的诞生。

20世纪30年代，国民政府连续四次"围剿"共产党红军的失败，使其急需加强国家统治力量，而且当时政府内部机构臃肿，档案管理方法混乱，不统一、不科学，效率低下，档案人员把持垄断档案的现象也大量存在。因此，为了对国家行政工作进行整顿，提高政府行政效能，1933年，国民政府内政部政务次长甘乃光主持开展了一场以文书档案改革为主要内容的"行政效率运动"。

"行政效率运动"首先从中央机关开始，然后逐渐扩展到一些地方省份，其涵盖的范围很广泛，包括组织、人事、财务、资料、施政程序等内容，但文书档案改革却成为主要内容，这反映了运动发起人政治行政上的一些顾虑，运动主持人甘乃光在《文书档案改革运动的回顾与展望》中提到，在中国进行行政改革非常不容易，要包含学理研究、事实需要以及可行方案等，但是最为重要的是"不可即由此而发生政潮"①。"行政效率运动"涉及一些人及其岗位的增减，如果进行大刀阔斧的改革，必然会触及大量人员的利益，会受到巨大阻力而使改革难以完成，在所有改革内容中，文书档案改革是一种工具的改革，对相关人利益的触动最小，也最容易成功，因此，文书档案改革就成为"行政效率运动"的主要内容。

---

① 《档案学通讯》杂志社编《档案学经典著作》（第2卷），世界图书出版公司，2013，第93页。

1933 年 6 月，国民政府内政部政务次长甘乃光主持召开改革公文档案会议，会议讨论议决了《各部会审查处理公文改良办法》一案，标志着文书档案改革运动正式拉开序幕。1933 年 8 月，行政院通过《各部会审查处理公文改良办法》①，其中内政部的"文书档案连锁法"被作为文书档案改革的主要试行方案，也是文书档案改革运动的中心内容。为了加强对于行政效率改革的研究，1934 年12 月，行政院成立行政效率研究会，它既是以文书处理与档案管理研究为重点的机关，也是"行政效率运动"的领导机关，甘乃光担任主任，研究会下设有两个组——组织人员组和文书档案组，他们在当时的会刊《行政效率》上共刊载了 200 多篇文章，其中文书档案方面的有 60 多篇，占了 1/3。1935 年 2 月，行政院设立档案整理处，其职责是拟具各部院处理新旧档案的划一办法并监督执行，虽然它是一个具有业务指导职能的档案管理最高业务机构，但它成立之后只做了一些初步调查工作，仅仅 4 个月之后就因经费困难而撤销了。此后，文书档案改革运动也就渐渐结束了。

"行政效率运动"虽然结束了，但它客观上催生了中国档案学。运动开展以来，许多行政官员以及档案工作者纷纷在《行政效率》等刊物上发表有关文书档案改革和介绍西方文书档案工作理论与实践的文章，出版有关文书档案管理方面的著作，比如《档案管理与整理》（何鲁成）、《县政府档案管理法》（程长源）、《县政府档案处理法》（周连宽）、《文书之简化与管理》（陈国琛）、《档案管理法》（龙兆佛）、《公牍学史》（许同莘）等，内容包括公文处理格式与程式，档案的概念，地位与作用，档案管理体制，档案整理分类方法，文书档案连锁法，库房改建，册架制作，字迹保护等，基本形成了中国档案学的初步科学体系，促进了外国档案学理论在我国的传播，标志着中国档案学的诞生。

---

① 傅荣校：《论三十年代南京国民政府的文书档案改革》，《档案学通讯》2005 年第 1 期。

　　国民政府的行政改革实践引起对文书档案工作改革的必要，引发行政界人士关注研究文书档案管理理论与实践，从而形成文书档案管理的一些经验总结和理论阐述，最终导致中国档案学的形成。可见，国民政府"行政效率运动"是导致中国档案学产生的直接原因，当然"行政效率运动"的真正目的是提高行政效率，后来的结果证明，改革的范围很小，阻力很大，效果有限，但这一运动在客观上催生了中国档案学，即中国档案学的形成是国民政府无心插柳的产物。但无论如何，中国档案学产生的直接原因就是"行政效率运动"，就是在国民政府对于文书档案进行改革的行政实践需要中产生和发展起来的，行政力量成为中国档案学产生的第一推动力。

　　总之，中国档案学产生的根本原因是行政管理实践的需要，这种需要反映到档案学上来使得档案学"带有较强的行政学色彩"①，而且结构与内容与政府管理活动实际紧密相连，即主体结构和内容表现为以机关档案室为基础的文书档案管理学，而对于其他学科领域比如科技档案管理、档案保护技术、档案文献编纂、专门档案管理、档案馆等研究较少，学科体系不够健全，理论水平也不够高，大多表现为局部经验的个人总结。

　　2. 中华人民共和国成立后中国档案学的行政扶持

　　新中国成立后，党和国家对中国档案学的发展给予了高度重视，除了出台一系列有利于中国档案学发展的政策规章外，还从行政上直接对档案学科建设给予扶持和帮助，为中国档案学的发展提供了有利的外部发展动力。这些行政举措主要表现在扶持建立档案教育科研机构与组织、档案学术管理等方面。

　　首先，扶持建立档案教育科研机构与学术组织。

　　档案教育是档案学科发展的源泉，可以为档案学科发展提供人

---

　　① 胡鸿杰：《"行政效率运动"与中国档案学》，《档案学通讯》2001 年第 5 期。

才保障与智力支持。早在民国时期，国民政府就注重通过发展档案教育来培养档案工作和科研人才，适应行政效率改革的需要，1934年，私立武昌文华图书馆专科学校在国民政府教育部的资助下成立档案管理特种教席，标志着近代中国档案教育的开端，它为近代中国档案学的发展培养了许多优秀人才，其中的许多教师都在国民政府内部出任要职。

中华人民共和国成立后，国家对档案高等教育给予了高度重视，1952年，中办、中组部、中宣部联合委托中国人民大学筹办档案专修班，这成为新中国档案高等教育的开端，周恩来总理亲自打电报给苏联政府，聘请谢列兹涅夫等苏联档案专家前来讲学，苏联档案学理论由此系统地传入中国，中国人民大学成为中国档案学教育与科学研究的基地，中国档案学科取得了迅速发展，完整的档案学理论与学科体系逐步建立起来。

改革开放之后，在教育部和国家档案局的大力支持下，各地高等院校大力发展档案专业教育，如今除了中国人民大学之外，档案学高等教育已经发展到全国30余所高校，我国建立起了包括档案高等教育、中等教育、在职教育、短期培训班在内的世界上最完备的档案教育与培训体系，也建立了从专科、本科、硕士到博士的世界上最齐全的学位层次，档案教育实现了跨越式发展，为中国档案学的发展提供了强大的人才保障和智力支持。而且教育部还设立了档案学科教学指导委员会，负责高校档案学系的教学指导与服务，国务院学位委员会设有图书情报档案专业评议组，负责三个专业学位点的审批，有力保障了档案学的学科地位。

除了扶持建立档案高等教育机构开展档案学研究之外，国家行政部门还注重直接建立档案科研机构及学术组织来加强档案学研究。1958年12月，国家档案局成立档案学研究室，这是中华人民共和国第一个专门的档案科研机构。1981年，中国档案学会成立，挂靠各级档案局，为广大档案工作者服务，"在一定程度上改变了档案学的研究方式，即由原来的单兵作战逐步向有组织的方向发展"①，有利于规范科学共同体的研究行为，同时也可以"对国家档案政策产生学术影响力"②。

其次，档案学术管理。

国家行政力量对档案学的扶持还表现在通过学科规划、科研立项、学术评奖、期刊出版、对外交流等措施进行档案学术管理，对档案学的科学发展进行科学指引与激励，规范档案学术环境，营造活跃的档案学术氛围。

学科规划方面，1956 年，档案学以独立学科的身份被列入国务院《一九五六年——一九六七年哲学、社会科学规划纲要》，档案学被提到了应有的地位，这在中国档案学发展史上尚属首次。此后，《国民经济和社会发展五年计划》，国家科学技术委员会的《科学技术发展十年规划》，国家档案局制定的《全国档案事业发展十年规划和五年计划》、《档案科学技术研究工作五年规划》等文件都把档案学相关领域的研究列入规划和计划，为档案学研究指明了方向和目标。

科研立项方面，国家建立了档案学科研立项审批制度，为档案科研项目立项审批提供了多种渠道，比如国家社会科学基金和自然科学基金项目，教育部以及教育厅人文社科项目，国家档案局系统或档案学会科研项目，地方哲学社会科学和自然科学项目等，这些项目在宏观上为档案学研究提供了有效指引和调控。

学术评奖方面，国家建立了优秀科研成果奖励制度，档案学研究成果可以参与各级社科成果、教学成果以及科技成果的评奖，这对于档案学术研究是一种有效激励。

期刊出版方面，我国档案学术期刊大多由档案行政机构主办，

① 李财富：《中国档案学史论》，安徽大学出版社，2005，第 102 页。
② 陈永生：《档案学论衡》，中国档案出版社，1994，第 300 页。

它们对档案学理论研究进行了有效引导，为档案学术自由讨论提供了一个良好的平台，促进了学术争鸣和理论发展。

对外交流方面，早在民国时期，就有一些档案学者被国民政府选派到欧美去参观学习档案工作实践和理论发展状况，收获颇丰，推动了欧美档案学传入中国；中华人民共和国成立后，也是在国家行政力量的介入下，苏联档案学理论被引入中国，对中国档案学学科体系建构产生了深刻影响；改革开放后，国家更是选派了不少档案实践与理论工作者到国外访学、交流，有力地推动了中外档案学术交流。

三　政策行政环境影响中国档案学的启示

中国档案学受到政策行政环境的巨大影响，这种影响主要表现在学科发展的推动力上，它可以表现为一种推力，也可以表现为一种阻力。推力方面，政策行政环境直接导致了中国档案学的诞生，行政力量成为中国档案学产生的第一推动力，而且中国档案学的发展与国家利好政策和行政活动密切关联，从科研机构与学术组织的建立到学术管理，利好政策行政环境给中国档案学注入了强大动力和活力。因此，政策行政环境关系中国档案学的发展动力，学界可以从中得到以下启示。

（一）档案与政治的内在关联使中国档案学受政策行政环境影响至深

中国档案学的研究对象——档案并非一个简单的记录载体，档案以其独特的凭证性、原始性、真实可靠性等价值而受到政治行政主体的特别关注，这也是中国档案学受政策行政环境深刻影响的根本原因。利好影响方面，民国时期的"行政效率运动"中，行政官员希望通过改革文书档案管理来提高行政效率，改善政府行政质量，这促使一批学者和官员研究档案管理理论与实践，中国档案学由此诞生；在中国档案学发展时期，国家急需利用档案来为各项建设服务，为了更好地管理利用档案，国家高度重视档案学研究工作，不断运用政策行政力量建立档案教育机构、加强学术管理等。

（二）始终如一地为中国档案学提供科学合理的政策行政保障

中国档案学发展的每一个时期都离不开政策行政环境的保障与引导。民国时期的"行政效率运动"直接导致中国档案学的诞生，中华人民共和国成立后，国家在中国人民大学建立历史档案系，将中国档案学作为一门独立学科列入哲学社会科学规划，建立档案科研机构，成立中国档案学会，将档案学专业向全国铺开，加强档案学术管理等，如果没有这一系列强有力的政策行政支持和引导，中国档案学不可能有今天的成就，也不会有今天的地位。陈永生认为，档案学必须有政府强有力的政策支持和调节，否则，它就会成为"一支没有给养的军队"，甚至成为"无娘的儿"[①]。科学合理的政策行政环境是中国档案学发展的根本保证，那么积极改善学科发展的政策行政环境，始终如一地为中国档案学提供科学合理的政策行政保障就成为题中应有之义，这些措施可以包括制定科学合理的档案学发展政策，健全档案科研管理体制，加强对档案学研究的引导、管理、组织与协调，塑造宽松自由的档案学术环境，建立档案学发展的学术规范等。

小　结

政治环境是中国档案学所面对的主要外部环境，中国档案学受

---

① 陈永生：《档案学论衡》，中国档案出版社，1994，第299页。

到政治环境的深厚熏染。影响中国档案学的政治环境主要包括政治发展环境、政治制度环境、意识形态环境和政策行政环境四个方面。政治发展环境关系中国档案学的稳定程度，政治制度环境关系中国档案学的学科面貌和自由程度，意识形态环境关系中国档案学的政治方向，政策行政环境关系中国档案学的发展动力。中国档案学受到政治环境的深厚熏染如图 3 - 1 所示。

图 3 - 1　中国档案学研究环境的政治熏染

政治环境是中国档案学与生俱来并伴随其始终的外部环境，也是中国档案学所必须面对并设法适应或者改善的外部环境，任何逃避和否定政治环境影响的观念和认识都是错误的。

第四章　中国档案学性格的
形成、优势与发展

　　通过公开负责任的演出，我们将开始内化责任直到它成为我们行动的剧本。这也是尊重多样性、讲故事、拓展视角、重新集中到我们工作研究实质的演出。这并不意味着档案不再和权力有关，而是权力被分享了、权力被重新调整了、权力更有责任地被掌握。那将是值得一看的档案演出①。

　　性格，指的是一个人在现实生活中所表现出来的对于外界事物持续稳定的态度和行为。每个人都有独具特色的性格，或开放，或内敛，或乐观，或消极，或细腻，或粗犷，或刚强，或懦弱等。性格是一个人在社会生活实践中逐渐形成的，一旦形成就比较稳定，而且会在不同的时间和情况中表现出来。性格决定命运，体现了性格对一个人成长和发展的重要意义。一个学科也有它的性格，学科性格体现的是一个学科对外所呈现的稳定的学科特征和状态，不同的学科体现出了不同的学科性格，比如哲学具有思辨性格，数学具有逻辑性格，文学具有自由性格，法学具有公正性格，教育学和中国式管理学具有文化性格②③等。档案学尤其是中国档案学具有什

---

① Terry Cook and Joan M. Schwartz, "Archives, Records, and Power: From (Postmodern) Theory to (Archives) Performance," *Archival Science*, No. 2 (2002): 171.

② 石中英:《教育学的文化性格》，山西教育出版社，2007。

③ 汤林弟:《中国式管理的文化性格》，知识产权出版社，2011。

么性格呢？通过前几章的分析，笔者认为，中国档案学具有鲜明的政治性格。中国档案学政治性格是如何形成的？如何评价中国档案学的政治性格？中国档案学政治性格应该如何完善和发展？本章将在前几章的基础上对这些问题进行一一分析。

第一节　中国档案学性格的形成

心理学研究表明，性格形成的原因十分复杂和琐碎，遗传、体型、性别、社会文化、职业、子女教养等都对性格的形成产生影响，如果对这些因素进行概括，可以分为主体因素和环境因素两大部分。性格的形成既受到性格主体基因遗传、心理活动的影响，同时也受到外部社会环境的影响，性格是主体内在心理因素和外部环境因素相互作用、深度整合的产物，"性格的本质特征正是由主体对客体的态度体系和行为方式体现出来的"①，巴甫洛夫的高级神经活动学说注重"机体的整体性以及机体与其周围外界环境之协律性"②，认为性格是指那些先天的倾向、意向与那些生活期间受生活印象影响所养成的东西之间的混合物。

性格形成既有主体的因素，又有环境的因素，性格是主体与环境相互作用的产物。按照这个原理，考察中国档案学的性格也应该考察中国档案学主体和环境之间的相互作用。中国档案学的主体即中国档案学的研究主体，也就是中国档案学人，中国档案学主体以外便是中国档案学的环境，环境也包含中国档案学的研究对象——档案现象。中国档案学实际上是中国档案学人（研究主体）在一定的外部环境（研究环境）中研究档案现象（研究对象）的产物。

---

① 余英杰：《学术性格论》，《社会科学》1988 年第 9 期。
② K. M. 贝考夫、A. T. 松尼克：《巴甫洛夫高级神经活动学说》，吴钧燮译，《科学通报》1953 年第 5 期。

因此，考察中国档案学性格的重点就在于考察中国档案学性格的三个要素——研究主体、研究对象、研究环境的特征以及相互关联。三者之间的地位和关系如图4-1所示。

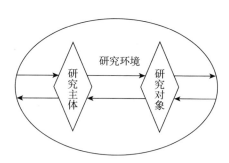

图4-1 中国档案学性格要素的地位与关系

图4-1中，中国档案学的研究主体具有主观能动性，可以认识客体即研究对象，两者之间互为前提，相互作用。中国档案学的研究主体和研究对象都处在外部研究环境中，研究主体可以认识、把握或改善环境，同时也受到环境的制约。研究对象与研究环境是整体与部分的关系，研究对象是研究环境的一部分。李欣复认为，"美是主体在特定时空环境中同客体进行双向反馈建构活动而形成、出现的，其价值构成及变化也是由三者共同作用所决定的"[①]。中国档案学性格的形成同样如此，要进一步分析中国档案学的性格，首先要对中国档案学性格三个要素的特征进行具体分析，前面几章已分别对此做了详细探讨，在此仅进行简要概括。

一 中国档案学性格要素的特征分析

（一）中国档案学研究主体的行政特色

中国档案学研究主体呈现鲜明的行政特色。无论是从角色结

---

① 李欣复：《论美是主客体与环境之统一》，《西藏民族学院学报》（社会科学版）1993年第1期。

构、价值取向还是研究方法方面都可以看出这种特色。

（1）中国档案学研究主体存在一种行政特色结构。中国档案学研究的行政实践角色从古至今始终伴随着中国档案学研究的发展，在有些时期甚至起着主导或者决定性作用。综观各个历史时期，虽然档案学术研究中行政角色人员的比重呈现递减趋势，但中国档案学研究主体的行政角色始终是角色构成中不可或缺的重要部分以及不可忽视的重要影响力量。

（2）中国档案学研究主体存在明显的资政取向。中国档案学研究主体在进行档案学研究时，偏重于选择当下国家、政府以及档案行政机构所关注的问题进行研究，偏重于对政府行政部门的一些规章制度进行理论解读，偏重于针对有关档案实际问题向政府行政机关提出自己的建议以及对策。

（3）（行政）实践方法是中国档案学研究方法的一大特色。实践方法被频繁运用于档案学术研究中，在我国，档案工作实践与档案行政实践的关系极为密切，档案行政实践是档案工作实践的主体，档案工作实践的行政色彩较为浓厚。因此，中国档案学研究采用的实践方法在很大程度上带有浓厚的行政实践色彩，（行政）实践方法是中国档案学研究方法的一大特色。

中国档案学研究主体的行政特色结构、资政取向以及（行政）实践方法三者有机结合在一起，共同促成了中国档案学研究主体的行政特色。这种行政特色使中国档案学研究主体在态度和行为方面具有了浓厚的政治行政倾向和心理，他们更加认同政治行政力量、更加关注政治行政实践、更加积极地进行理性资政。

（二）中国档案学研究对象的权力建构

中国档案学研究对象存在明显的权力建构特征。中国档案学的研究对象是档案现象，主要是档案和档案工作，研究和实践表明，档案和档案工作的客观中立性并非无可置疑。事实上，档案和档案工作受到了权力的干预，这种干预呈现隐蔽性和合法性的特点，从文件/档案的形成到档案的管理以及档案的利用都渗透着权力的影响。

（1）档案形成方面，为了实现自身的利益诉求，权力凭借自身的权威性和强制性在有目的地对档案的形成进行建构，文件/档案的主要来源、存在类别以及实体内容都受到权力的深刻控制、干预或左右。

（2）档案管理方面，权力为了维护自身的利益对档案管理进行持续建构。档案管理工作表面上是一系列规则、程序、方法和技术的组合，实际上它们背后一直存在权力的身影，权力决定规则。权力对档案管理的建构可以分成宏观和微观两个层次。宏观层面主要表现为权力建构档案管理体制、档案管理机构以及档案管理法规。微观层面主要表现为权力建构档案收集、档案整理、档案鉴定以及档案保管。权力对档案管理的建构和干预主要是通过档案工作者强力执行和实施相关的档案管理制度和规范来实现的。在这种权力的积极干预和建构下，哪些档案被留存、以怎样的状态被留存、哪些档案被销毁等问题都被纳入权力的视野和控制中。

（3）档案利用方面，权力为了自身的利益需求对档案利用工作进行积极建构。权力主体可以通过严格的档案利用制度和规范对档案的各种利用形式（档案开放、档案阅览、档案展览、档案编研等）进行监督、控制和建构。

从档案的形成、档案管理一直到档案利用，权力都对档案工作的每一个阶段进行了积极建构，作为中国档案学研究对象的档案和档案工作深深打上了权力的烙印，这不能不深刻影响着中国档案学的学科面貌、内涵以及未来发展。

（三）中国档案学的研究环境的政治熏染

中国档案学的研究环境体现出了深厚的政治熏染特征。政治环境是中国档案学发展所面对的主要外部环境，影响中国档案学的政治环境主要包括政治发展环境、政治制度环境、意识形态环境和政策行政环境四个方面。

（1）政治发展环境方面，政治发展环境包括政治革命和政治改革，由于中国档案学的研究对象——档案的特殊政治色彩，中国档案学受政治发展环境的影响更为明显，政治发展环境既可以促进中国档案学的产生和发展，也可以将其引向毁灭，国家政治稳定，档案事业健康发展，政治改革有效成功，档案学就会繁荣，反之，档案学就会枯萎。因此，政治发展环境关系中国档案学的稳定程度。

（2）政治制度环境方面，政治制度环境对中国档案学的发展具有强烈的制度规定性，档案学的发展都处于一定的社会政治制度环境中，不同政治制度下档案学的立场和观点是不同的，政治制度环境关系中国档案学的学科面貌。此外，政治制度环境也关系到中国档案学的自由程度。政治制度越落后，档案学受到的限制就越大。

（3）意识形态环境方面，意识形态环境对中国档案学的影响主要表现在学术研究的政治方向上，不同的意识形态环境使中国档案学具有了不同的政治方向。古代封建主义意识形态以维护封建君主专制统治和宗法关系为根本目的，档案工作受到严格控制，古代档案学（思想）带有较浓厚的封闭性和保守性色彩；近代资本主义意识形态使中国档案学在产生初期就具有较强的政治目的性，而且三民主义的保守性使中国档案学局限为机关文书档案管理学，理论层次不高；现代社会主义意识形态成为我国建设发展档案学的指导思想和最高层次的研究方法，推动了我国现代档案学的创造性发展，但马克思主义意识形态的歪曲也对中国档案学造成了巨大损害。

（4）政策行政环境方面，政策行政环境对中国档案学的影响主要表现在学科发展的推动力上，这可以表现为一种推力，也可以表现为一种阻力。推力方面，比如行政力量成为中国档案学产生的第一推动力，扶持建立档案教育科研机构与组织，档案学术管理等；

阻力方面，比如极"左"路线和方针等错误政策行政环境对中国档案学的扼杀。

中国档案学受到政治环境的深厚熏染，这是中国档案学与生俱来并伴随其始终的外部环境，也是中国档案学所必须面对并设法适应或者改变的外部环境，任何逃避和否定政治环境影响的观念和认识都是错误的。在这种政治环境的深刻熏染之下，中国档案学的稳定度、自由度、政治方向、发展动力、学科面貌等都与政治环境无法脱离干系，中国档案学表现出了与其他学科不一样的特色形态。

二　性格要素的关联互动与政治性格的形成

中国档案学的性格要素可以综合审视如下。研究主体上，行政特色结构、资政取向以及（行政）实践方法三者组合在一起，使中国档案学研究主体呈现鲜明的行政特色，这为中国档案学政治性格的形成打下了主体基础；研究对象上，权力对档案的形成、档案管理以及档案利用都进行了积极的建构，中国档案学的研究对象深深打上了权力的烙印，这为中国档案学政治性格的形成打下了对象基础；研究环境上，中国档案学受到了政治环境的深厚熏染，中国档案学的稳定度、自由度、政治方向、发展动力、学科面貌等都与政治环境无法脱离干系，这为中国档案学政治性格的形成打下了环境基础。中国档案学的三个性格要素关联互动、环环相扣、相辅相成，具体表现如图4-2所示。

（一）研究对象的权力建构与研究主体的行政特色之间关联互动

1. 中国档案学研究对象的权力建构促进了研究主体的行政特色

首先，中国档案学的研究对象——档案现象具有重要的凭证和原始记录价值，权力为了维护自身利益，必然对档案的形成、管理

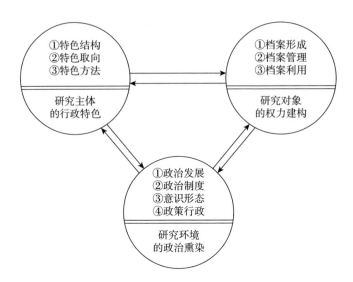

图 4 - 2 中国档案学性格要素的关联互动

与利用进行积极建构,这就为行政官员的介入提供了契机。在整个档案管理过程中,首先接触档案的是和档案关系最为密切的政府行政官员,他们为了提高行政效率、更好地为行政工作服务,在档案管理和行政实践过程中,认真总结文书档案管理经验,进行理论升华和创新,充当了中国档案学研究主体的第一批角色,而且由于政府行政官员持续地与档案打交道,因此行政角色一直在中国档案学人结构中发挥重要作用和影响,这就促成中国档案学研究主体的行政特色结构。

其次,中国档案学人在研究档案现象的过程中,很早就发现档案现象不是一种单纯的文献记录,其背后与政治行政实践存在密切关联,档案是行政管理的重要工具,具有辅助决策的功能。因此,为了更为全面透彻地研究档案现象,中国档案学人必然积极地关注政治行政实践以及国家的相关政策、法律和法规,这就促成了中国档案学人鲜明的资政取向。

最后,与资政取向的成因类似,鉴于档案与政治行政实践的密切关联,中国档案学人相应地也更加关注政治行政实践,注重频繁采用实践的方法来促使理论研究与档案（行政）管理实际相结合，这就促成了中国档案学研究的（行政）实践方法。

2. 中国档案学研究主体的行政特色促进了研究对象的权力建构

中国档案学研究主体在行政特色结构、资政取向以及（行政）实践方法的特色背景下进行档案学研究，这使其研究不可避免地带有或明或暗的政治行政权力倾向性和规定性，其研究成果和结论很容易契合政治行政权力的利益和诉求，当这种理论研究成果被运用到档案管理和利用实践中时，就进一步维护和促进了中国档案学研究对象的权力建构。

（二）研究主体的行政特色与研究环境的政治熏染之间关联互动

1. 中国档案学研究环境的政治熏染促进了研究主体的行政特色

中国档案学研究受到政治环境的深厚熏染，政治发展环境关系中国档案学的稳定程度，政治制度环境关系中国档案学的学科面貌与自由程度，意识形态环境关系中国档案学的政治方向，政策行政环境关系中国档案学的发展动力。中国档案学与政治环境的紧密度是许多人文社会科学所无法比拟的，在这种政治环境的深刻熏染之下，中国档案学研究主体不可避免地在角色结构、价值取向以及研究方法上要受到深刻影响，从而出现诸如行政特色结构、资政取向以及（行政）实践方法等特征便不足为奇。

2. 中国档案学研究主体的行政特色促进了研究环境的政治熏染

中国档案学研究主体在行政特色结构、资政取向以及（行政）实践方法的影响下，其研究结论和成果很容易符合政治环境的要求，适应政治环境的氛围，这就反过来加深和提升了中国档案学研究环境政治熏染的程度和层次。

（三）研究环境的政治熏染与研究对象的权力建构之间关联互动

中国档案学研究环境的政治熏染和研究对象的权力建构两者存在一个共同特点，即都是政治权力在发挥重要影响，前者是政治权力作用于研究环境，后者是政治权力作用于研究对象，两者之间也存在关联互动的关系。

1. 中国档案学研究对象的权力建构促进了研究环境的政治熏染

由于档案现象非常重要，因此权力必然对其进行积极干预和建构，同时，档案现象的重要性也相应提升了中国档案学的重要性，这样政治环境就介入中国档案学研究中来。比如，中国档案学研究对象的权力建构促进了政治发展环境对中国档案学的熏染，中国档案学研究对象——档案的重要凭证价值与原始记录意义使得权力对其给予了特别关注和干预，从档案的形成、管理到利用都渗透着权力的身影。在政治革命和改革的过程中，档案的重要意义尤其受到关注和重视，档案要么被控制和摧毁，要么得到重视和保护，受到科学合理的管理和利用。与此同时，在档案被摧毁或者保护的行动中必然涉及档案学研究的摧毁和发展，于是，档案学也受到了政治发展环境的摧毁或者推动。如此，中国档案学研究对象的权力建构就促进了政治发展环境对中国档案学的熏染。同理，中国档案学研究对象的权力建构对中国档案学研究的政治制度环境、意识形态环境以及政策行政环境熏染的促进，也可以按照这一逻辑进行解读，此处不再赘述。

2. 中国档案学研究环境的政治熏染促进了研究对象的权力建构

中国档案学在政治发展环境、政治制度环境、意识形态环境以及政策行政环境的深度影响下进行研究，其研究过程和结论会不可避免地反映政治权力的利益诉求。当这些研究成果应用到档案形成、管理以及利用的整个过程中的时候，就反过来维护和促进了中国档案学研究对象的权力建构。

综上所述，中国档案学研究主体的行政特色、研究对象的权力建构以及研究环境的政治熏染三者之间关联互动、环环相扣、相辅相成，共同促进了中国档案学政治性格的形成。

第二节　中国档案学性格的优势

中国档案学具有鲜明的政治性格，它是在学科长期发展过程中逐渐形成的，是学科研究主体、研究对象与研究环境之间互动关联、相互影响的产物，这种性格无所谓好与坏，必须进行客观辩证的评价，不顾历史和现实地盲目指责和批评是不负责任的武断行为。中国档案学的政治性格既有优势和特色，应当坚守和发扬，同时也有不足和风险，应当规避和预防，通过分析中国档案学研究主体、研究对象以及研究环境的特征，可以得出中国档案学政治性格的五大优势，这五大优势对中国档案学的发展起到了很好的促进作用。

一　学人结构的官学互动促进了中国档案学多元特色学人结构的形成

中国档案学人中既有高校"学院派"理论工作者，也有档案管理实践部门的业务工作者和行政官员，这种学人结构在人文社会科学领域是较有特色的。值得指出的是，中国档案学人的官员角色在中国档案学发展史上有着深厚渊源，从古代档案官员在档案管理实践中孕育的大量档案学思想，到近代中国档案学诞生中行政官员的关键角色，再到许多现代档案学家的档案行政管理经历，中国档案学人的行政角色不但历史悠久，而且作用和影响巨大。直到今天，行政角色仍然在档案学人结构中占有一席之地，行政角色的地位仍然备受重视，而且"学院派"理论工作者与行政角色之间始终保持着一种良好的交流互动关系，比如许多档案学术会议既有高校档案学理论工作者参加，也有档案行政官员参加，两者可以就同一学术问题相互切磋、共同进步；高校理论工作者与行政官员合写一篇论文的现象也经常出现。诸如此类形式的交流互动，有利于学人结构内部成员之间相互学习，取长补短，吸取先进经验，提升理论水平，对于中国档案学多元合理学人结构的形成以及中国档案学的发展和繁荣意义重大。

二 价值取向的资政辅政有利于中国档案学获得更大政治扶持和推力

中国档案学具有明显的资政取向，这种取向具有很大的合理性，中国档案学的资政取向源于学科研究对象——档案的资政功能，档案因其巨大的资政功用而受到政治行政的特别关注和扶持。中国档案学资政取向的目标在于，通过研究档案现象发挥功用的规律来为国家、社会和公众服务，这与档案的资政功用是相通的，于是中国档案学的资政取向也受到国家政治行政的肯定和扶持。以2015年国家社科基金档案学课题指南为例，该指南一共公布了以下13个课题，分别是：机构规范文档结构及构建方式研究，数字时代档案保护理论与技术的发展研究，数字档案资源生态管理研究，档案信息生态性保护理论与实践研究，云环境下电子文件的凭证性保障方法研究，电子文件信息安全管理体系建设研究，互联网环境下电子文件形成规律研究，档案服务质量优化控制研究，社交媒体对档案工作的影响和应对研究，信息化条件下档案信息资源整合路径与机制研究，业务驱动模式中的电子文件管理流程与方法研究，基于档案的近代史事件或行业制度研究，民族、地域及行业文书档案的开发与利用研究。分析这些课题不难发现，它们大多以应用性课题为主，且大多是当今我国档案事业面临的一些急需解决的课题，这些课题研究实际上就是在为我国档案事业发展提供资政服务和决策支持，这也非常符合中国档案学研究价值取向的要求，中国档案学通过资政研究，既使自己取得了不断的理论发展和进步，同时也促进了国家档案事业的发展，反过来，这也使中国档案学获得更大的政治行政扶持和推力，从而实现中国档案学研究和中国档案事业的双赢。

三　（行政）实践方法促成了中国档案学的务实学风和应用型学科面貌

中国档案学的主要研究对象是档案实际管理活动，在我国，档案管理活动还带有浓厚的行政色彩，要对档案管理实际有清晰准确的把握，（行政）实践方法就被频繁运用到中国档案学研究中来，档案管理实践尤其是档案行政管理实践中的一些政策、方针、法规、标准、方法等，都成为中国档案学研究的对象、材料或根据，理论联系实际的方法成为中国档案学研究方法的核心，无论是案例研究、数据统计、访谈还是调研，这些方法的精髓都是（行政）实践方法，（行政）实践方法的大量运用促使中国档案学形成了更加务实的学风，而不是空对空的理论说教，这与许多人文学科的研究方法是迥然不同的。

（行政）实践方法还影响到了中国档案学的学科形态。（行政）实践方法的大量运用，使中国档案学大多以应用理论研究为主，而真正表现为理论思辨和推理的基础理论研究只占一小部分，大量的研究成果通过运用（行政）实践方法，针对档案实践中的某一具体问题展开探讨，或者提出理念，或者规范流程，或者改进方法。这就促进了中国档案学应用型学科面貌的形成，而且由于（行政）实践方法在很多情况下与行政管理实践密切关联，因此，档案学科的应用型面貌在很多时候还带有行政管理的色彩。

总之，中国档案学的务实学风和应用型学科面貌体现了中国档案学人探索解决档案现实问题、关注国家社会发展形势、紧跟时代潮流的偏好，具有很大的合理性和必要性。

四 研究对象的行政关爱提升了中国档案学的地位和声望

中国档案学的研究对象——档案现象受到了政治行政的特殊关爱，这在许多人文社会学科研究对象中是不多见的，由于档案的巨大凭证价值和原始记录意义，其对于国家、政府、社会、公众的重要功用使其在国家社会中的地位越来越高，受到了更为广泛的重视和关注。近年来，随着国家、社会、公众力量博弈的升级，档案以其巨大凭证价值和法律效力受到了国家和政府前所未有的重视和关注，比如政府文件档案信息公开、民生档案建设、公民信用档案建设、侵华日军罪行档案的公布等，档案的巨大能量使其获得了无可替代的巨大声望和影响力，档案的社会地位和重视度正在不断提高。此外，档案现象的行政关爱还典型地体现在我国档案管理体制上。我国档案管理体制体现出了党和政府对于档案资源的高度关注和控制，该档案管理体制将所有档案资源纳入国家档案全宗，实行统一领导、分级管理，各级档案部门既是档案行政管理机构，同时也是保管档案的事业机构，档案馆工作者参照公务员法管理，与公务员无异，各级档案行政管理部门纳入同级别的政府职能架构；而且档案管理部门既是政府的机构，同时也是党的机构，比如中央档案馆和国家档案局是一个机构，两块牌子，是党中央和国务院的直属机构，这在其他政府职能部门当中是很少见的。

中国档案学是以档案现象及其规律为研究对象的学科，档案在政府、社会和公众中日渐提升的声望和影响力对于中国档案学学科地位、影响力和声望的提升是显而易见的。对于社会公众来说，他们对中国档案学可能并不了解，但他们在日常生活中不可避免地要与各种类型的档案打交道，在与档案的接触过程中逐渐加深对档案现象的理解，社会档案意识得到不断提升，这对于中国档案学社会地位和声望的提升是至关重要的。

五　研究环境的政治关怀为中国档案学的发展壮大提供了巨大动力

中国档案学受到了政治行政力量的巨大推动已是无可置疑的事实。中国档案学的诞生直接得益于民国时期国民政府开展的"行政效率运动"，一批行政官员在文书档案改革过程中，实施"文书档案连锁法"，将文书档案管理改革经验总结升华为档案学理论，标志着中国档案学的诞生；中华人民共和国成立后，中国档案学之所以能够在短时期内迅速成长壮大与党和政府的直接关怀和扶持密切相关，从创建中国人民大学档案专修班，到聘请苏联档案专家，从确立马克思主义的指导思想，到出台一系列闪耀着理论光芒的方针政策，从将档案学列为一门独立的学科，到成立中国档案学会，从把档案学科扩展到全国 30 多所高校，到建立专科、本科、硕士、博士层次的世界上最齐全的学历层次体系，从科研立项到学术评奖再到期刊出版，处处都可以看到国家行政力量对于中国档案学的重视、扶持和关怀，这在世界范围内都是很少见的。可以说，如果没有政治行政力量的扶持和帮助，中国档案学不可能取得今天的成就，也不可能达到今天的水平。

第三节　中国档案学性格的完善与发展

对中国档案学的政治性格应该辩证地看待，中国档案学的政治性格既存在很大的优势，如形成了许多属于自己的学科特色，获得了巨大的政治扶持和动力，取得了较高的学科地位和声望。同时，中国档案学的政治性格也存在很大风险，如这种性格对中国档案学的独立性、科学性、完整性以及稳定性等都带来风险和挑战。性格无所谓好与坏，一味指责和全盘否定中国档案学的政治性格并不是科学理性的正确态度。性格虽然具有稳定性，但性格的稳定性并不是一成不变的，性格也是可塑的，这就为性格的完善与发展提供了可能。因此，对待中国档案学政治性格的正确态度应当是取其精华、去其糟粕，即保持和发扬中国档案学政治性格的优势，采取适当措施合理规避中国档案学政治性格的风险，不断完善和发展中国档案学的政治性格，具体可以从研究主体的独立、自由与互动，研究对象的多元、协调与融合以及研究环境的透明、民主与法治三个方面着手。

一 研究主体的独立、自由与互动

（一）研究主体的独立与自由

中国档案学的研究主体作为学术研究者应该恪守学术道德，坚持独立之精神、自由之思想，以追求真理为目标，坚持学术研究的独立与自由。

（1）研究主体独立。档案学人是中国档案学研究的主体，档案学人的独立自主是保证中国档案学术独立自主的关键。因此，档案学人应该注重自我提升，警惕与政治行政力量过度亲密导致的对学科自身价值的侵蚀，档案学人要树立牢固的主体意识，能够抵抗住各种利益诱惑和行政压力，在汹涌的市场大潮中坚守住那份对于真理与知识的虔诚与尊重，不搞低水平重复研究，坚守学术责任和理想，脚踏实地，实事求是，以"板凳要坐十年冷"的精神开展档案学术研究，遵循学科自身的发展规律，扎实推进学科自身理论体系的建构与改革，按照学科发展规律进行自主选题和研究，勇攀科学高峰，真正将档案学术研究引向深入。

（2）价值取向自由。档案学人的价值取向是自由的，并且核心价值取向应该是追求真理。其实，理性资政取向的本质也是一种真理取向，档案学人在理性资政的过程中，按照学科发展的科学规律进行研究，将理论的内在养成与外在应用相结合，通过务实调查与科学论证做出科学结论，为档案管理实践提供准确可靠的理论支持，而且理性资政除了为档案管理实践提供决策支持和参考外，还通过实际调研与理论论证，对现有档案管理理论和实践活动中存在的问题进行反思和批判，用批判性的眼光来审视和评价国家档案行政政策，找出其中的不合理之处，提出建设性的意见和建议，从而赢得行政界的认可和尊重。

（3）研究方法多样。（行政）实践方法是中国档案学研究的主要方法，但过度依赖（行政）实践方法而不注重理论的升华容易导致研究方法的经验主义。因此，在坚持（行政）实践方法的同时应该注重档案学其他研究方法的运用，比如历史方法、科学抽象和逻辑思维方法、系统方法、移植方法、定量分析法等，尤其要注重科学抽象和逻辑思维方法的运用，如此才能将感性认识尽快上升为理性认识，实现理论的突破和提升，提高中国档案学基础理论研究的层次。

（二）研究主体的交流与互动

学人结构的官学互动促进了中国档案学多元合理学人结构的形成，是中国档案学政治性格的特色和优势。因此，中国档案学人在保持研究的独立与自由的同时，也不应排斥和轻视不同研究角色之间的交流与互动。

（1）研究角色的交流与互动。中国档案学研究主体是一个官学并存的结构，既有以高校档案学教师为主体的档案学理论工作者，又有档案（行政）实践部门的档案实际工作者，在这样一个学人结构中，单纯要求研究主体的独立是不合理的，因为两个学人角色都有各自的优势和特色，如果两者之间不相往来、互相轻视，你走你的阳关道，我过我的独木桥，这对中国档案学术必然是一种损害。因此，中国档案学应该重视并充分利用这种学人结构的特色和优势，在各研究主体坚持独立自主的前提下，加强官学角色之间的沟通、交流与互动，比如鼓励档案（行政）实践部门的工作者研究档案学理论，将自己平时所想所思写成学术报告，并且用于指导实践，协助制定路线、方针、政策，加强与理论工作者的交流。同时，档案学理论工作者在加强理论研究的同时，应该注重加强与档案行政和业务工作者的交流，不可闭门造车，所谓学术独立自由指的是坚持学术研究不受行政干扰，但并非不接受来自行政界、实践领域的第一手材料、经验和思想。比如学术界在举办档案学术论坛时应该邀请行政实践部门有经验的人士参与，不可将其排除在外。为此，应该建立档案学理论工作者与档案（行政）实践工作者之间互动交流的平台与机制，通过一种定期的会晤机制建立一种交流平台，加强各种角色之间的交往与互动，使各方各取所需，达到学术成果的更快共享与提升。如此才能达到学人角色结构的稳定、平衡、完善与和谐，实现中国档案学术研究的角色共赢。

（2）研究方法的交流与融合。理论上讲，中国档案学研究方法的运用不存在研究主体的限制，即各个研究主体都可以综合运用各种研究方法开展档案学研究。但总体上讲，各个研究主体由于自身条件和资源的差异，还是存在一定的方法偏好，即档案（行政）实践部门的研究人员倾向于采用（行政）实践方法开展档案学术研究，以高校教师为主体的研究人员倾向于采用科学抽象和逻辑思辨方法、历史方法、移植方法等，这种研究方法的主体倾向性对于学科发展是不利的，它容易导致学科理论发展与实践发展的分离，使研究主体角色之间出现疏离甚至相互轻视，即档案（行政）实践工作者对于高校档案理论工作者脱离实际的研究成果嗤之以鼻，将其束之高阁，而高校档案理论工作者对档案（行政）实践工作者的研究成果更是不屑一顾，认为其理论层次太低，纯属经验总结。可见，实现中国档案学研究主体的角色交流与互动，打破研究方法的角色偏好，使各类研究方法在档案学研究主体之间运用自如，实现研究方法的交流与融合是十分必要的。为此，高校档案学理论工作者应该主动向档案（行政）实践部门学习，加强档案学研究中（行政）实践方法的运用，积极开展调查研究工作，深刻感悟实践，使理论研究建立在丰富实践调查的基础之上，如此才能更有说服力，得到（行政）实践部门的认可和尊重；同时，档案（行政）实践部门的研究者应该加强理论学习，注重学术研究中科学抽象与理论思辨方法、历史方法、移植方法等多种方法的运用，注重对于实际经验的总结和升华，提升理论研究的深度和层次，这样才会得到高校档案学理论工作者的更多重视和关注。

二　研究对象的多元、协调与融合

中国档案学的政治性格存在研究对象和体系的政治狭隘风险，以档案（行政）管理实践为中国档案学的主要研究对象，学科体系规划和建设与档案（行政）管理实践保持一致，即以"档案馆学、档案室学和它们的前端——文书学或文件学为主要内容"[1]，密切贴近政府需求，高度关注档案管理政策法规，局限在组织档案工作的视野之内，档案更为广泛和多元的价值与功能没有引起应有的重视，这种现象容易导致中国档案学学科理论结构的失衡，影响中国档案学完善合理理论体系的形成。因此，努力实现中国档案学研究对象的多元，促进理论体系的协调与融合成为中国档案学政治性格完善与发展的必由之路。

（一）研究对象的多元

吴宝康认为，档案学不应仅仅停留在档案管理的"内向性问题"的研究上，而应该把档案工作放到社会大环境中去考察，发展

---

[1]　高大伟：《档案学的元问题及可能的形而上》，博士学位论文，中国人民大学，2011，第 114 页。

"外向性研究"。① 高大伟认为："'霸权'式解读任何一种可能性空间，都有可能导致价值的片面……'确切的未来是一种希望，它将是多元的。'"② 约翰·施瓦兹等人认为："断言档案和记录仅仅是有关权力、有关施加控制和秩序是一个不完整的观点。"③ 可见，拓展中国档案学的研究视野，推动中国档案学研究对象的多元化是学科发展的大势所趋。中国档案学界应该努力突破政治行政的狭隘语境，关注尽可能多的档案现象，探讨档案的多元价值与内涵，开拓新的研究领域，比如与档案有关的社会、文化、科技研究等，丰富中国档案学的理论体系。

（1）档案社会研究。档案社会研究是中国档案学界最新的研究热点。近年来，随着社会公众力量的不断壮大，其对国家权力产生了越来越大的监督和制约作用，同时不断壮大的社会力量对传统档案管理的影响也在逐渐上升，并对档案的真实性与客观性提出了更高的要求。而且随着社会逐步向自媒体时代迈进，社会主体开始自行记录与自己相关的各种信息，成为国家档案记录系统的重要补充。档案社会研究主要关注的内容包括档案机构的社会转型与公共服务、档案与社会记忆、档案与信任、档案与身份认同、档案与可持续发展、档案工作与社会多样性等，档案社会研究主要关注的是社会公众的档案权利，关注档案背后的个体命运。随着中国政治与社会的发展与转型以及社会力量的不断壮大，档案社会研究必将会受到理论界和档案实际部门更多关注，具有很大理论研究空间。

（2）档案文化研究。特里·库克等人认为，"档案有个基本的

---

① 吴宝康：《档案学建设的历史回顾与今后任务》，《档案学研究》1989 年第 3 期。
② 高大伟：《档案学的元问题及可能的形而上》，博士学位论文，中国人民大学，2011，第 125 页。
③ Joan M. Schwartz and Terry Cook, "Archives, Records, and Power: The Making of Modern Memory," *Archival Science*, No. 2 (2002): 1.

二分法，一是代表行政证据和公共责任的官僚副产品，二是代表历史记忆和人类文化的珍贵遗产"①。美国档案学家谢伦伯格提出的"文件双重价值理论"将文件分为以行政价值为主的第一价值，和以情报价值为主的第二价值，而文化价值属于第二价值中的重要的一种。档案文化是人类的重要文化现象，档案文化研究理应成为中国档案学研究的重要领域，档案文化研究的范围较为广泛，主要包括"档案文化内涵研究、档案文化价值和功能研究、档案文化建设研究、档案文化传播研究、传统档案文化研究等"②。相信随着我国文化建设的发展和繁荣以及档案事业的发展壮大，档案文化研究必将持续成为中国档案学研究的又一大热点和重点。

（3）档案科技研究。档案工作是一门技术性很强的工作，档案职业技术化是未来的一个重要发展趋势。中国档案学是一门应用性很强的社会科学，档案学除了应当注重对档案管理的程序、方法、规范和标准的研究之外，还应注重档案管理的科技应用研究以及科技档案的管理研究，两者可以统称为档案科技研究。

档案科技应用研究方面，应当注重将信息技术、档案保护技术应用于档案管理领域，特别是随着计算机和互联网技术的发展，档案管理现代化问题成为摆在中国档案学界面前的重要机遇和挑战，中国档案学界应该积极引入国外档案管理技术研究的先进成果，同时联系我国档案管理实际，对电子文件管理理论、电子文件系统建设、电子文件标准与规范等问题进行深入研究，为我国档案管理现代化提供理论和决策支持。

科技档案管理研究方面，科技档案管理工作及其理论是 20 世纪 50 年代开始在我国建构和发展的，科技档案是与文书档案并列

---

① Terry Cook and Joan M. Schwartz, "Archives, Records, and Power: From (Postmodern) Theory to (Archives) Performance," *Archival Science*, No. 2 (2002): 171.

② 徐海静：《我国近二十年来档案文化研究成果综述》，《档案学通讯》2011 年第 6 期。

的我国又一大重要的档案门类，它涉及工农业生产技术、科研、基建、设备、产品、水文、地质、气象、城建等众多领域的档案，是关系我国国民经济和科技发展的重要基础性信息资源。因此，应该加强对科技档案管理的相关理论研究，包括科技文件管理研究、企业档案管理研究、科技文献编纂研究、科技档案管理史研究、外国科技档案管理研究等，提高理论研究的层次，从而进一步丰富和完善我国档案管理理论与实践。

（二）理论体系的协调与融合

辩证唯物主义认为，事物都是普遍联系的，中国档案学的多元研究对象之间也是普遍联系的。因此，应该关注各研究对象之间的内在关联，开展跨学科、跨体系的理论研究，注重中国档案学理论体系之间的协调与融合。吴宝康认为，"档案学研究应该把内向研究与外向研究结合起来"[1]，强调的也是理论研究的协调与融合。罔顾理论体系之间的内在关联，片面强调和发展所谓"制度档案学""社会档案学""技术档案学"等都是不对的。

具体到中国档案学政治性格的完善上来说，应该注重档案（行政）管理实践研究与档案社会研究、档案文化研究、档案科技研究等理论体系之间的协调，各个研究领域之间没有高下轻重之分，而是应该相互借鉴和吸收先进理念与研究成果，提升本研究领域的科学层次和理论水平。

1. 档案（行政）管理实践研究要更多关注档案文化、社会、科技研究

档案社会研究关注档案与社会之间的互动关联，强调社会记忆、信任、身份认同与社会多样性，这对档案（行政）管理实践研究是很好的理念和思路，学界可以将这些理念融入档案（行政）管

---

① 吴宝康：《档案学建设的历史回顾与今后任务》，《档案学研究》1989 年第 3 期。

理实践研究中去，对一些传统思路和理念进行调整和改善，如更多关注社会公众的档案权利与需求，更多从维护社会记忆和多样性的角度出发进行理论和实践探讨。

档案文化研究强调档案的历史文化价值，强调文化多样性与人类文明的传承与延续，这对档案（行政）管理实践研究也具有重要启示意义，如档案收集如何才能更好地体现文化多样性，维护民族文化的完整与准确；如何对档案价值进行更为负责任的鉴定，以便为后代留存更为丰富和可靠的历史文化财富；如何对档案文献进行编纂以更好满足公众日益增长的各种文化需求等，这些问题的研究都需要借鉴档案文化研究的先进理念和成果。

档案科技研究注重采用先进科学技术提高档案管理的效率和现代化水平，维护档案的真实性、可靠性与完整性，这对档案（行政）管理实践研究也有重要借鉴意义，如档案（行政）管理实践研究可以通过采用档案科技研究的先进成果（比如"元数据"技术）维护档案的真实性和准确性，最大限度减少行政权力对档案管理的干预和建构，提高理论研究的技术层次和科学水平。

2. 档案社会研究、文化研究、科技研究等应借鉴和关照档案（行政）管理理论与实际

档案社会研究虽然注重关注社会公众的档案权利，维护社会记忆，但不可否定国家档案记录系统在维护社会记忆中的主导地位和重要作用。因此，学界在探讨维护公众档案权利的同时，应当关注国家权力与社会权力之间的协商与争论，"探寻国家权力、公共权力和个人权力之间的制衡点"①，不顾档案（行政）管理实际，盲目强调社会公众的档案权利，结果只能是空中楼阁，没有多少理论意义和实际应用价值。

档案文化研究也应该密切联系我国档案管理体制和文化管理体

---

① 王斐：《从权力的角度看档案开放利用的演变》，《兰台世界》2011 年第 27 期。

制的实际，不可漫无边际地进行理论空想。比如，前些年档案学界
热议"档案馆文化休闲"，有学者统计，"十几年来档案文化休闲
一直没有引起多少重视，文献数量之少，令人震惊，最多的年份不
过 4 篇，最少的只有一篇"①，在档案实际部门中真正提供档案文化
休闲服务的档案馆也寥寥无几，档案文化休闲可谓昙花一现，类似
现象值得学界深思。

　　档案科技应用研究方面，应该注重与档案（行政）管理实践研
究的协调与借鉴。档案科技应用研究不可能成为档案学研究的主流
学科，"信息技术始终无法成为 IRM 领域的带头学科，从本质上
讲，IRM 是一个管理问题而非信息问题"②，胡鸿杰也认为："过分
强调技术因素在档案管理中的作用……简单挪用技术并不会给档案
职业带来本质上的进步"。③ 而且，事实上，档案科技与档案（行
政）管理实践在很大程度上就是深度融合的，Richard Harvey Brown
和 Beth Davis-Brown 认为，"技术理性决定和档案工作者的实践是意
识形态化的，档案职业的技术理性具有政治性格（political charac-
ter）"④。档案技术可以反映和加强档案的权力角色，扩展档案馆的
传统权力，同时也可以提高公众获取档案的能力，尤其是在信息网
络时代中，档案科技使权力关系更加复杂。因此，在档案科技应用
研究中，借鉴与融合档案（行政）管理实践的理论与方法就显得十
分必要。

　　科技档案管理研究方面，虽然科技档案管理与档案政治行政关

---

① 余明玉：《2001 年～2012 年档案休闲利用研究综述——基于〈中国期刊全文数据
　库〉的检索》，《档案管理》2013 年第 2 期。
② 宋恩梅：《IRM 共同体与情报空间构建——IRM 视角下的情报学发展模式研究》，博
　士学位论文，武汉大学，2006，第 86 页。
③ 胡鸿杰：《化腐朽为神奇——中国档案学评析》，上海世界图书出版公司，2010，第
　61～62 页。
④ Richard Harvey Brown and Beth Davis-Brown, "The Making of Memory: the Politics of Ar-
　chives, Libraries and Museums in the Construction of National Consciousness," *History of
　the Human Sciences*, No. 11 (1998): 17 – 32.

系不大，但从根本上说，"技术档案或科技档案的利用和保护技术的应用，其目的是有阶级性的"①，"任何企业也不能脱离国情和政治大环境"②，因此，科技档案管理研究还是应该适度关注国家政治发展形势，借鉴档案（行政）管理实践的最新研究成果，提高科技档案管理的理论水平和应用效果。

小　结

中国档案学的政治性格是中国档案学研究主体、研究对象以及研究环境之间相互关联的产物。三个要素关联互动、环环相扣、相辅相成，共同促进了中国档案学政治性格的形成。

中国档案学的政治性格是在学科长期历史发展过程中逐渐形成的，是学科研究主体、研究对象与研究环境之间互动关联、相互影响的产物，这种政治性格无所谓好与坏，必须进行客观辩证的评价，不顾历史和现实地盲目指责和批评是不负责任的武断行为。中国档案学的政治性格具有五大优势，对中国档案学的发展起到了很好的促进作用，同时中国档案学的政治性格也存在一些可能对中国档案学科发展产生损害的风险。

对待中国档案学政治性格的正确态度应当是取其精华、去其糟粕，即保持和发扬中国档案学政治性格的优势，采取适当措施合理规避中国档案学政治性格的风险，不断完善和发展中国档案学的政治性格，具体可以从研究主体的独立、自由与互动，研究对象的多元、协调与融合以及研究环境的透明、民主与法治三个方面着手。

---

① 吴宝康：《档案学理论与历史初探》，四川科学技术出版社，1986，第 123 页。
② 徐欣云：《我国档案理论与实践关系的再探索——重申政治因素的影响》，《图书情报知识》2011 年第 1 期。

结束语

中国档案学历经 80 多年风雨走到今天，已经以一门独立学科的身份顽强屹立于中国学科之林，并且形成了自己鲜明的政治性格，这在众多人文社会科学中是很有特色的。

中国档案学的政治性格鲜明地体现在学科的方方面面，中国档案学研究的三个要素——研究主体、研究对象和研究环境都表现出了鲜明的政治特色。对于这一性格，中国以往档案学界给予更多的是批评和否定，认为中国档案学之所以发展受限，是因为学科内部渗透了太多的政治行政因素，导致理论肤浅、体系单薄。因此，他们主张中国档案学研究的彻底独立。面对这种指责，本书通过认真细致地梳理中国档案学各个要素与政治行政的关联，发现中国档案学和政治行政力量在很多时候紧密结合在一起，而并非许多学者所想象的那样可以将两者轻易剥离。政治行政是从中国档案学诞生开始就带有的天然基因，如果人为地消灭这种基因，只会扼杀中国档案学的生命。

当然，中国档案学确实也存在许多学者所提出的独立性不足、主体意识不强、理论体系单薄等问题，这也与中国档案学的政治性格存在一定关联，但不能将这些弱点和问题完全归咎于中国档案学的政治性格。对中国档案学的政治性格全盘否定，置中国档案学 80 多年来取得的巨大成就于不顾，将现有理论体系推倒重来，建构所谓价值自由的理性体系，是一种武断粗暴的简单思维模式，结果只能是一无所获。

对待中国档案学政治性格的正确态度是取其精华、去其糟粕，对中国档案学政治性格的优势要坚定不移地保持和坚守，而且要不断发扬光大，让中国档案学以更加鲜明的特色和优势获得更大的发展空间。盲目否定中国档案学的政治性格，盲目借鉴其他学科的一些理论而不考虑中国档案学研究的实际和中国档案管理实际，盲目引进西方国家一些档案学理论而不考虑中国国情等，都不是实事求是的态度，都会给中国档案学的未来发展带来巨大风险。

80年对于一个学科来说是非常年轻的，中国档案学在发展过程中难免会存在一些曲折和问题，但中国档案学的未来是光明和值得期许的，这从根本上缘于档案对于人类文明的重要意义。人类要向前发展总要不断地回顾和反思过去，必然会认真地记录和保存对自身有价值的各种记录，以便形成更多有价值和意义的知识与记忆，而档案正是人类历史、知识和记忆的最为珍贵和可靠的载体。只要人类还要回忆，档案就不会消亡。中国档案学的未来无论走向何方，致力于对留存更为真实、准确、丰富和多样化的人类文明和记忆的研究必然是其不变的学科追求和学术宗旨，而这一重任就落在了广大档案学人肩上，相信通过档案学人的不懈努力，中国档案学的未来必将更加充满生机和希望。

参考文献

期刊：

1. 〔加〕特里·库克：《铭记未来——档案在建构社会记忆中的作用》，李音译，《档案学通讯》2002年第2期。

2. 〔加〕特里·库克：《四个范式：欧洲档案学的观念和战略的变化——1840年以来西方档案观念与战略的变化》，李音译，《档案学研究》2011年第3期。

3. 〔加〕特里·库克：《1898年荷兰手册出版以来档案理论与实践的相互影响》，黄霄羽译，《档案学通讯》1996年第5期。

4. 〔加〕特里·库克：《档案理论与实践的相互影响》，黄霄雨译，《档案学通讯》1996年第5期。

5. 〔加〕特里·库克：《电子文件与纸质文件观念：后保管及后现代主义社会里信息与档案管理中面临的一场革命》，刘越男译，《山西档案》1997年第2期。

6. 〔美〕罗伯特·莱恩：《自主意识、幸福感、失落感：市场经济对政治性格特征的影响》，张丽娜译，《经济社会体制比较》（双月刊）2007年第4期。

7. 〔美〕史蒂文·卢巴：《信息文化与档案》，张宁译，《山西档案》2000年第1期。

8. 〔美〕K. M. 贝考夫、A. T. 松尼克：《巴甫洛夫高级神经活动学说》，吴钧燮译，《科学通报》1953年第5期。

9. 阿迪:《档案文化意识:理性的呼唤——纪念"五四"运动七十周年的思考》,《档案与建设》1989 年第 2 期。

10. 曹传清:《赫德的政治性格探析》,《社会科学辑刊》2010 年第 6 期。

11. 陈潭:《政策动员、政策认同与信任政治——以中国人事档案制度的推行为考察对象》,《南京社会科学》2006 年第 5 期。

12. 陈维、胡建华:《中国古代档案学思想发展缓慢原因初探》,《档案管理》1988 年第 1 期。

13. 陈贤华:《档案学理论研究的几个问题》,《档案学研究》1990 年第 3 期。

14. 陈贤华:《关于新中国档案学史的几个问题》,《湖南档案》1990 年第 4 期。

15. 陈永生:《论档案学元科学层面的研究》,《黑龙江档案》1994 年第 5 期。

16. 陈兆祦:《谈档案学研究面向世界问题》,《兰台世界》1998 年第 7 期。

17. 陈作明:《档案学研究中若干问题的思考》,《浙江档案》1996 年第 8 期。

18. 丛勇东:《论实践及其对档案学理论的检验》,《档案与建设》1997 年第 5 期。

19. 丁华东:《档案社会学建设的视阈与策略》,《档案学研究》2009 年第 1 期。

20. 丁旭光:《丁日昌的政治性格》,《广东社会科学》1987 年第 1 期。

21. 董驹翔:《简论政治对自然科学发展的作用》,《齐齐哈尔师范学院学报》1988 年第 4 期。

22. 冯惠玲:《走向辉煌(之十)——档案学理论的发展与繁荣》,《中国档案》1999 年第 19 期。

23. 傅荣校：《论档案学基础理论研究》，《档案学研究》2001 年第 3 期。

24. 傅荣校：《论三十年代南京国民政府的文书档案改革》，《档案学通讯》2005 年第 1 期。

25. 傅荣校：《我国档案学研究方法研究之述评》，《浙江档案》1997 年第 7 期。

26. 高大伟：《中国档案学尊严的回归——基于学科范畴体系的考察》，《档案学通讯》2010 年第 1 期。

27. 高大伟：《档案学研究中的政治话语初探》，《档案学通讯》2013 年第 5 期。

28. 龚志祥：《中国民族政策主客体及政策环境分析》，《中南民族大学学报》（人文社会科学版）2009 年第 7 期。

29. 管先海：《档案学理论研究价值取向的理性思考》，《浙江档案》2006 年第 2 期。

30. 管先海：《对当前我国档案学研究的困境与出路的若干思考》，《北京档案》2009 年第 11 期。

31. 管先海：《对档案学研究的科学性与实用性的思考》，《档案管理》2007 年第 5 期。

32. 管先海：《对档案学研究发展特点和理论体系构建的思考》，《档案管理》2005 年第 3 期。

33. 管先海：《关于档案学理论研究的理性思考》，《档案管理》2005 年第 2 期。

34. 管先海：《走出档案学研究的误区》，《中国档案》2005 年第 2 期。

35. 寒江：《中国档案学产生时代的再探讨》，《档案》1988 年第 1 期。

36. 寒江：《中国档案学发展史的分期问题》，《湖南档案》1988 年第 1 期。

37. 寒江：《中国档案哲学初论》，《湖北档案》1988 年第 2 期。

38. 何嘉荪、潘连根:《档案学基础理论研究发展的正确道路》,《档案学通讯》1999 年第 5 期。

39. 何振:《对中国档案学方法论的反思与创新》,《贵州档案》1998 年第 6 期。

40. 和宝荣:《从几个"热点"谈谈档案学研究的方向与方法》,《档案与建设》1990 年第 1 期。

41. 胡鸿杰:《"行政效率运动"与中国档案学》,《档案学通讯》2001 年第 5 期。

42. 黄俊尧、张建光:《"民情档案"、群众路线与社会资本——重塑政治信任的一项地方实践》,《浙江学刊》2012 年第 3 期。

43. 黄颂杰:《学术管理中的意识形态、权力和功利》,《云梦学刊》2012 年第 4 期。

44. 江村夫:《黄土地 高围墙——中国档案学理论发展缓慢之散议》,《上海档案》1988 年第 5 期。

45. 姜龙飞:《挑战过了头,一定会被拒绝——回应〈再谈文件档案工作者的社会责任〉及其作者》,《档案学通讯》2008 年第 6 期。

46. 〔美〕兰德尔·吉默森:《掌握好档案赋予我们的权力》,马春兰译,《档案》2007 年第 3 期。

47. 李红波、颜佳华:《国内政治发展理论研究综述》,《云南社会科学》2006 年第 2 期。

48. 李庆华、李玉英:《论民国时期(1924—1949)国民党三民主义意识形态的缺陷》,《山东青年政治学院学报》2011 年第 1 期。

49. 李伟山:《古代中国档案事业发展的政治探源》,《贵州社会科学》2006 年第 2 期。

50. 李欣复:《论美是主客体与环境之统一》,《西藏民族学院学报》(社会科学版)1993 年第 1 期。

51. 林清澄、李生荣：《档案学的两种理论形态》，《山西档案》1996 年第 3 期。

52. 刘太祥：《论中国传统史著编纂的政治原则》，《南都学刊》（哲学社会科学版）1996 年第 1 期。

53. 陆阳：《论权力对档案的建构》，《浙江档案》2009 年第 12 期。

54. 罗力：《档案学研究方法研究述评》，《档案与建设》1994 年第 6 期。

55. 吕真真：《档案学"范式"研究述评》，《云南档案》2009 年第 7 期。

56. 倪代川、聂云霞：《论档案学范式研究的学科意义》，《档案管理》2007 年第 1 期。

57. 倪代川：《档案学范式研究的元科学意义》，《湖北档案》2006 年第 11 期。

58. 潘希武：《自由教育的政治性格》，《比较教育研究》2007 年第 8 期。

59. 潘玉民：《点击二十世纪中国档案学研究》，《浙江档案》2001 年第 6 期。

60. 綦建红、王丽娜：《我国古代档案学思想发展评析》，《黑龙江档案》2008 年第 5 期。

61. 桑兵：《信仰的理想主义与策略的实用主义——论孙中山的政治性格特征》，《近代史研究》1987 年第 3 期。

62. 邵宇：《论汉初儒学政治性格的基本转变》，《理论月刊》2006 年第 12 期。

63. 沈名森、寒江：《论档案学理论与档案工作实践的辩证关系》，《档案学通讯》1990 年第 6 期。

64. 孙洁：《档案馆工作者的职业权力功能分析——基于档案利用》，《档案学通讯》2014 年第 1 期。

65. 孙军：《谈档案学学科体系的构建》，《档案学研究》2009 年第

2 期。

66. 谭远宏：《政治制度与档案工作》，《湖南档案》1996 年第 2 期。

67. 王德俊：《关于我国近代档案学研究的主要内容的简介和评述》，《档案》1987 年第 5 期。

68. 王德俊：《试述我国近代档案学的产生和形成》，《档案》1987 年第 4 期。

69. 王德俊：《试述我国近代档案学的特点》，《档案》1987 年第 3 期。

70. 王斐：《从权力的角度看档案开放利用的演变》，《兰台世界》2011 年第 27 期。

71. 王景高：《改革开放与档案学理论建设》，《档案学通讯》1998 年第 6 期。

72. 王李苏、周毅：《回顾与展望——对我国档案学发展的历史考察》，《上海档案》1988 年第 6 期。

73. 王协舟：《中国档案学的价值取向》，《档案学通讯》2009 年第 5 期。

74. 王英玮：《浅析档案理论与实践的关系》，《山西档案》1990 年第 5 期。

75. 王应解：《档案学的嬗变》，《档案学通讯》2006 年第 4 期。

76. 卫奕：《论档案编研与社会记忆的构建》，《档案学通讯》2008 年第 6 期。

77. 尉健行：《坚持正确政治方向，繁荣发展首都社会科学事业》，《中国特色社会主义研究》1996 年第 5 期。

78. 吴宝康：《档案学建设的历史回顾与今后任务》，《档案学研究》1989 年第 3 期。

79. 吴广平：《"三个体系"建设应避免的几种思想倾向》，《档案学研究》2010 年第 1 期。

80. 吴俊：《〈人民文学〉的政治性格和"文学政治"策略》，《文艺争鸣》2009 年第 10 期。

81. 吴李国：《档案理论神话还是陈词滥调——20 世纪末美国档案界关于档案理论的争论》，《中国档案》2009 年第 8 期。

82. 邢培华，雷凤芹：《试析我国 20 世纪档案学研究的历史特点》，《档案学通讯》2002 年第 2 期。

83. 徐海静：《我国近二十年来档案文化研究成果综述》，《档案学通讯》2011 年第 6 期。

84. 徐舒映：《民国时期的意识形态格局》，《聊城大学学报》（社会科学版）2009 年第 4 期。

85. 徐欣云：《我国档案理论与实践关系的再探索——重申政治因素的影响》，《图书情报知识》2011 年第 1 期。

86. 徐澌地：《试论档案学研究方法论问题——对目前我国档案学研究方法的分析》，《档案学通讯》1993 年第 5 期。

87. 颜祥林：《20 世纪中国档案学三次发展高潮的成因剖析与启示》，《山西档案》2000 年第 6 期。

88. 杨安莲：《中国档案学理论研究的发展走向》，《湖北档案》2004 年第 12 期。

89. 殷仕俊：《从我国档案学史看"行政—政治"因素对中国档案学的影响》，《山西档案》2009 年第 1 期。

90. 于丽娟：《实践对于档案学理论发展的重要意义》，《浙江档案》1996 年第 9 期。

91. 余明玉：《2001 年—2012 年档案休闲利用研究综述——基于〈中国期刊全文数据库〉的检索》，《档案管理》2013 年第 2 期。

92. 余英杰：《学术性格论》，《社会科学》1988 年第 9 期。

93. 张辑哲：《当代中国的档案学基础理论研究》，《档案学通讯》1996 年第 4 期。

94. 张林华、蒙娜：《权力因素在档案建构社会记忆中的消极作用及其应对策略》,《档案》2007 年第 5 期。

95. 张晓:《对档案学发展的思考》,《档案学通讯》2003 年第 1 期。

96. 章燕华:《中外档案学形成背景差异分析及启示》,《山西档案》2004 年第 3 期。

97. 赵爱国:《试论档案学研究的学风、方法、文风》,《档案学通讯》1993 年第 1 期。

98. 中国人性格研究组:《中国人性格研究的理论与方法初探》,《云南师范大学学报》(哲学社会科学版)1993 年第 6 期。

99. 周林兴:《解读我国档案学理论研究中的学术化现象》,《档案管理》2005 年第 5 期。

100. 周耀林、朱玉媛、张晓娟、颜海、周路:《我国档案学基础理论研究的价值、存在的问题及发展趋势》,《图书情报知识》2009 年第 4 期。

101. 周毅:《变革时期档案学研究边界的适度拓展》,《档案学通讯》2007 年第 4 期。

102. 周毅:《试论档案学研究路向的转型》,《档案学通讯》2009 年第 5 期

103. 周泽信:《从系统内主客体关系谈外部环境对企业行为的影响》,《商业研究》1988 年第 2 期。

104. 朱兆中:《意识形态的学术分类初探》,《上海行政学院学报》2006 年第 11 期。

105. 邹家炜、孔凡岳:《关于档案学思想传统的继承和创新》,《档案学研究》1990 年第 3 期。

图书:

106. 〔德〕马克斯·韦伯:《经济与社会》(上卷),林荣远译,商务印书馆,2004。

107. 〔德〕马克斯·韦伯:《学术与政治:韦伯的两篇演说》,冯

克利译，三联书店，2005。

108. 〔法〕埃哈尔·费埃德伯格：《权力与规则——组织行动的动力》，张月等译，格致出版社，2008。

109. 〔法〕彼得·瓦尔纳：《现代档案与文件管理必读》，孙钢译，中国档案出版社，1992。

110. 〔荷〕缪勒、斐斯、福罗英：《档案的整理与编目手册》，中国人民大学档案系档案史教研室译，中国人民大学出版社，1959。

111. 〔美〕T. R. 谢伦伯格：《现代档案——原则与技术》，黄坤坊等译，中国档案出版社，1983。

112. 〔美〕戴维·毕尔曼：《电子证据——当代机构文件管理战略》，王健等译，中国人民大学出版社，2000。

113. 〔美〕托马斯·库恩：《科学革命的结构》，金吾伦，胡新和译，北京大学出版社，2003。

114. 〔美〕詹姆斯·E. 安德森：《公共决策》，唐亮译，华夏出版社，1990。

115. 〔英〕J. D. 贝尔纳：《科学的社会功能》，陈体芳译，广西师范大学出版社，2003。

116. 〔英〕伯特兰·罗素：《权力论——新社会分析》，吴友三译，商务印书馆，2012。

117. 《档案学通讯》杂志社：《档案学经典著作》第1卷，世界图书出版公司，2013。

118. 陈永生：《档案学论衡》，中国档案出版社，1994。

119. 陈兆祦：《文件论与档案管理》，中国档案出版社，1993。

120. 陈振明、陈炳辉：《政治学——概念、理论和方法》，中国社会科学出版社，2004。

121. 陈振明：《政策科学——公共政策分析导论》（第2版），中国人民大学出版社，2003。

122. 陈智为、王德俊、胡绍华：《档案行政管理概论》，中国人民大学出版社，1991。

123. 陈智为、邓绍兴、刘越男：《档案管理学》（第 3 版），中国人民大学出版社，2008。

124. 陈智为：《档案社会学概论》，南开大学出版社，1989。

125. 陈忠：《规则论——研究视域与核心问题》，人民出版社，2008。

126. 陈祖芬：《档案学范式的历史演进及未来发展》，世界图书出版公司，2010。

127. 邓绍兴：《档案分类》，首都师范大学出版社，1998。

128. 邓绍兴：《人事档案教程》，中国传媒大学出版社，2008。

129. 冯惠玲、刘越男：《电子文件管理国家战略》，中国人民大学出版社，2011。

130. 冯惠玲、赵国俊：《中国电子文件管理：问题与对策》，中国人民大学出版社，2009。

131. 冯惠玲、张辑哲：《档案学概论》（第 2 版），中国人民大学出版社，2006。

132. 冯惠玲：《电子文件风险管理》，中国人民大学出版社，2008。

133. 冯惠玲：《电子文件管理教程》，中国人民大学出版社，2001。

134. 冯惠玲：《政府信息资源管理》，中国人民大学出版社，2006。

135. 国家档案局档案干部教育中心：《回顾与展望——第五期全国档案班论文集》，中国档案出版社，1991。

136. 韩英：《文书学》，山东大学出版社，2001。

137. 何嘉苏、傅荣校：《文件运动规律研究——从新角度审视档案学基础理论》，中国档案出版社，1999。

138. 胡鸿杰、吴红：《档案职业状况与发展趋势研究》，中国言实出版社，2008。

139. 胡鸿杰：《中国档案学的理念与模式》，中国人民大学出版社，2005。

140. 胡鸿杰：《化腐朽为神奇——中国档案学评析》，上海世界图书出版公司，2010。

141. 胡鸿杰：《档案文献编纂学》，中国人民大学出版社，2012。

142. 胡金平：《学术与政治之间的角色困顿——大学教师的社会学研究》，南京师范大学出版社，2005。

143. 黄霄羽：《魂系历史主义：西方档案学支柱理论发展研究》，中国人民大学出版社，2006。

144. 黄霄羽：《外国档案事业史》，中国人民大学出版社，2004。

145. 李财富：《中国档案学史论》，安徽大学出版社，2005。

146. 李元书：《政治发展导论》，商务印书馆，2001。

147. 刘耿生：《档案开发与利用教程》，中国人民大学出版社，2010。

148. 刘国能：《档案观》，中国档案出版社，2003。

149. 刘国能：《体系论——中国档案事业体系》，中国档案出版社，2001。

150. 刘越男：《建立新秩序——电子文件管理流程研究》，中国人民大学出版社，2005。

151. 马费成：《信息资源管理》，武汉大学出版社，2001。

152. 《马克思恩格斯文集》第1卷，人民出版社，2009。

153. 《毛泽东选集》第1卷，人民出版社，1991。

154. 《毛泽东选集》第3卷，人民出版社，1991。

155. 孟广均：《信息资源管理导论》，科学出版社，1998。

156. 潘玉民：《档案法学基础》，辽宁大学出版社，2002。

157. 任越：《基于主体认识视角的当代中国档案学术研究》，世界图书出版公司，2010。

158. 石泮龙、林清澄、贾玉德：《档案哲学》，中国档案出版社，1997。

159. 石中英：《教育学的文化性格》，山西教育出版社，2007。

160. 史玉峤、王云庆、苗壮：《现代档案管理学》，青岛出版社，2002。

161. 孙关宏、胡雨春、任军锋：《政治学概论》第2版，复旦大学出版社，2011。

162. 覃兆刿：《中国档案事业的传统与现代化——兼论过渡时期的档案思想》，中国档案出版社，2003。

163. 汤林弟：《中国式管理的文化性格》，知识产权出版社，2011。

164. 王爱东：《政治权力论》，河北大学出版社，2003。

165. 王传宇、张斌：《科技档案管理学》，中国人民大学出版社，2009。

166. 王沪宁：《比较政治分析》，上海人民出版社，1987。

167. 王健：《文书学》，中国人民大学出版社，1999。

168. 王浦劬：《政治学基础》第3版，北京大学出版社，2014。

169. 王协舟：《基于学术评价视域的中国档案学阐释与批判》，湘潭大学出版社，2009。

170. 王英玮：《档案文化论》，中国人民大学出版社，1998。

171. 王英玮：《知识经济时代档案部门的生存与发展策略》，中国人民大学出版社，2011。

172. 韦庆远：《中国政治制度史》，中国人民大学出版社，1989。

173. 吴宝康、冯子直：《档案学词典》，上海辞书出版社，1994。

174. 吴宝康：《档案学概论》，中国人民大学出版社，1988。

175. 吴宝康：《论新时期档案学与档案事业》，中国档案出版社，1997。

176. 吴宝康：《档案学理论与历史初探》，四川科学技术出版社，1986。

177. 吴宝康：《论档案学与档案事业》，南京大学出版社，1988。

178. 伍启元：《公共政策》，商务印书馆，1989。

179. 夏书章、王乐夫、陈瑞莲：《行政管理学》（第4版），中山大学出版社，2008。

180. 徐欣云：《档案"泛化"现象研究》，世界图书出版公司，2014。

181. 颜海：《档案信息资源开发利用》，武汉大学出版社，2004。

182. 杨光斌：《政治学导论》（第 3 版），中国人民大学出版社，2010。

183. 杨继昭、李桂凤、王金：《行政管理基础》，中国人民大学出版社，2005。

184. 张斌：《档案价值论》，中央文献出版社，2000。

185. 张国庆：《行政管理学概论》，北京大学出版社，2000。

186. 张辑哲：《维系之道——档案与档案管理》，中国档案出版社，1995。

187. 张永桃：《行政学》，高等教育出版社，2010。

188. 张智辉：《刑法理性论》，北京大学出版社，2006。

189. 中国首届档案学博士论坛论文集编委会：《21 世纪的社会记忆——中国首届档案学博士论坛论文集》，中国人民大学出版社，2001。

190. 周林兴：《中国档案学术生态研究》，人民出版社，2013。

191. 周雪恒：《中国档案事业史》，中国人民大学出版社，1994。

博士学位论文：

192. 陈祖芬：《档案学范式论》，博士学位论文，中国人民大学，2007。

193. 高大伟：《档案学的元问题及可能的形而上》，博士学位论文，中国人民大学，2011。

194. 李伯富：《中国档案法制现代化问题研究》，博士学位论文，中国人民大学，2010。

195. 罗军：《我国档案管理体制改革研究》，博士学位论文，中国人民大学，2008。

196. 宋恩梅：《IRM 共同体与情报空间构建——IRM 视角下的情报学发展模式研究》，博士学位论文，武汉大学，2006。

197. 王芹：《民国时期档案法规研究》，博士学位论文，苏州大学，2009。

198. 周林兴：《中国档案学术生态研究》，博士学位论文，中国人民大学，2012。

外文资料：

199. Joan M. Schwartz and Terry Cook, "Archives, Records, and Power: The Making of Modern Memory," *Archival Science*, No. 2, 2002.

200. Terry Cook and Joan M. Schwartz, "Archives, Records, and Power: From (Postmodern) Theory to (Archives) Performance," *Archival Science*, No. 2, 2002.

201. Douglas Booth, "Sites of Truth or Metaphors of Power? Refiguring the Archive," *Sport in History*, No. 26, 2006.

202. Eric Ketelaar, "Archival Archival temples, Archival prison: Modes of Power and Protection," *Archival Science*, No. 2, 2002.

203. James M. O'Toole, "Cortes's Notary: The Symbolic Power of Records," Archival Science, No. 2, 2002.

204. Richard Harvey Brown and Beth Davis-Brown, "The making of memory: the politics of archives, libraries and museums in the construction of national consciousness," *History of the Human Sciences*, No. 11, 1998.

205. Sarah Tyacke, "Archives in a Wider World: The Culture and Politics of Archives," *Archivaria*, No. 52, 1997.

206. Wendy M. Duff, "Evaluating Metadata on A Metalevel," *Archival Science*, No. 1, 2001.

207. Jacques Derrida, Archive Fever: A Freudian Impression, Chicago: University of Chicago Press, 1996.

208. Randall C. Jimerson, Archives power: memory, accountability, and social justice, Chicago: Society of American Archivists, 2009.

致　谢

当提笔写致谢的时候，博士学位论文的写作已近尾声，内心五味杂陈，有喜悦，有兴奋，有解脱，也有不安。在二十多年的求学生涯中，博士论文的写作既是我遇到的一个不小挑战，又使我得到了一次较为系统全面的学术锻炼和提升。在此，我要感谢所有给予我鼓励、支持、关心和帮助的人。

首先感谢我的导师胡鸿杰教授。胡老师广博的学识、刚正的品格、敏捷的思维、幽默的谈吐和宽广的胸怀令人折服。三年来，老师关心学生成长，对学生的学习、生活、学术交流、毕业论文、就业等各方面都极为关心，竭尽所能地进行点拨、指导、鼓励、支持和帮助。师恩浩荡，学生没齿难忘！祝老师健康长寿，桃李芬芳！

感谢陈智为教授、冯惠玲教授、张斌教授、王英玮教授、张美芳教授、徐拥军副教授、刘越男教授，各位老师亲切和蔼，思维睿智，在博士生课堂上给予了学生许多学术启发和引导；在论文开题和答辩中提出了许多宝贵的意见和建议，让我茅塞顿开，少走了许多弯路；在生活、学习和就业中也给予了我很大的支持、鼓励和帮助。祝各位老师身体健康，工作顺利，万事如意！

感谢中国档案学会方鸣秘书长、中国科学院档案馆屠跃明馆长、北京市档案局马素萍副局长。感谢你们在百忙之中仔细审阅博士论文并参加我的博士论文答辩会，感谢你们对我的抬爱和激励，感谢你们对博士论文提出的中肯修改建议。

感谢山东大学档案学系的王云庆副教授、赵爱国教授、刘旭光教授，在我读博期间你们依然对学生给予了许多关心、支持和帮助。感谢中国人民大学的王丹老师、曹韵辉老师、马晴老师、张全海老师、李洁老师、付羽老师、马婵老师在学习和学生工作中给予的帮助和支持。感谢亲爱的同学孙大东、鲁力、王家军、吴琼、张艳欣、王新、马晴、熊朗羽、谭军、吴向波、张秀梅、邢变变、魏扣、刘红霞、王小云、白文琳、崔洪铭、李丹、王建亚、陈磊、张庆莉、曹玉、王向女、谢诗艺、李军。难舍同窗之情，感恩三年中的陪伴、支持与帮助，愿我们的友谊天长地久。

感谢父母的养育之恩，你们默默付出，不求回报，唯愿儿子健康快乐成长，你们无私的爱是我前进的巨大动力！感谢我的爱人赵丽，作为伴侣、同窗和知音，感谢你对我始终如一地理解、支持、鼓励和帮助。

博士生涯即将结束，未来的路还很长，我将心怀感恩，履行责任，踏实前行，创造更多精彩和辉煌！

陈　建

中国人民大学明德楼

2015 年 5 月 12 日

后　记

岁月不居，时节如流，转眼间我已回母校山东大学工作三年多了。三年多来，限于教学和科研繁忙等各种因素，出版博士学位论文——《档案学的性格》的愿望一直未能实现。如今，在学院的大力支持和资助下，在各位同事和好友帮助下，经过修改，我的博士学位论文终于顺利出版，在此，我要感谢所有给予我关心、支持和帮助的人。

首先，感谢山东大学学科高峰计划考古与历史学项目对本书出版的资助，感谢山东大学历史文化学院和文秘档案学系的各位领导、恩师和同事，学院为我提供了良好的科研环境和成长平台，各位恩师和同事平易近人、幽默风趣，对我的科研与教学工作给予了耐心指导和帮助。我很庆幸自己能够在这样友善而进取的团队中工作。

其次，感谢社会科学文献出版社社会政法分社曹义恒总编辑、吕霞云编辑，没有他们的热情帮助就没有本书的顺利出版。感谢湖北省政府研究室的鲁力，他对本书的撰写、修改和出版提出了大量宝贵意见和建议。

最后，我也要感谢我的家人，是他们的全力支持和无私奉献，我才得以顺利达成新的目标，是他们让我懂得努力工作、认真生活，让我对未来充满期待，无所畏惧。同时也感谢本书所有转载引用文献信息的作者和单位，你们的研究成果和思想给予了我很多启发和灵感。谢谢！

　　由于水平有限，本书疏漏在所难免，恳望专家和广大读者批评指正。

陈　建

2019 年 1 月 21 日于济南

图书在版编目（CIP）数据

档案学的性格／陈建著. -- 北京：社会科学文献
出版社，2019.6
ISBN 978 - 7 - 5201 - 4836 - 8

Ⅰ.①档…　Ⅱ.①陈…　Ⅲ.①档案学 - 研究 - 中国
Ⅳ.①G279.2

中国版本图书馆 CIP 数据核字（2019）第 089056 号

档案学的性格

著　　者／陈　建

出 版 人／谢寿光
责任编辑／吕霞云　王京美

出　　版／社会科学文献出版社·社会政法分社（010）59367156
　　　　　地址：北京市北三环中路甲 29 号院华龙大厦　邮编：100029
　　　　　网址：www.ssap.com.cn
发　　行／市场营销中心（010）59367081　59367083
印　　装／三河市尚艺印装有限公司

规　　格／开　本：787mm × 1092mm　1/16
　　　　　印　张：12.75　字　数：172 千字
版　　次／2019 年 6 月第 1 版　2019 年 6 月第 1 次印刷
书　　号／ISBN 978 - 7 - 5201 - 4836 - 8
定　　价／79.00 元

本书如有印装质量问题，请与读者服务中心（010 - 59367028）联系

▲ 版权所有 翻印必究